ABSCHIED VOM BÜRGERLICHEN LEBEN

KONKRETIONEN — BEITRÄGE ZUR LEHRE
VON DER HANDELNDEN KIRCHE
HERAUSGEGEBEN
VON PROF. DR. HANS-ECKEHARD BAHR
RUHR-UNIVERSITÄT BOCHUM

Harvey Cox

Abschied vom bürgerlichen Leben

Versuche mit einem neuen Lebensstil

HERAUSGEGEBEN VON
RÜDIGER REITZ

FURCHE-VERLAG HAMBURG

KONKRETIONEN BAND 14

Umschlag: Alfred Janietz
Gesamtherstellung: Clausen & Bosse, Leck
ISBN 3 7730 0069 3
Bestell-Nr. 2 2014/9
Printed in Germany

INHALT

Vorwort

Harvey Cox hat seine Leser immer überrascht durch einen ungewöhnlich freien Umgang mit festen Traditionskomplexen. Fasziniert und verärgert zugleich über so viel wilde Exegese von Bibel und Zeitgeist, neigt man in Fachkreisen deutscher Theologie dazu, das Phänomen Cox huldvoll unter der Rubrik »theologische Publizistik« abzubuchen. Cox, der marktkundige, sekundäre Arrangeur all jener Erkenntnisresultate ad extra, die man selber ad intra, als Grundlagenforscher in einsamen Turmerlebnissen zuvor schon zutage förderte? Eine Rationalisierung von Milieugeschädigten, natürlich, mit dem üblichen Quentchen Wahrheit.

Die Texte dieses Bandes legen nahe, Cox' Ingenium nicht so eilfertig zu reduzieren auf formale Könnerschaft. Sie sind weniger Zeugnis eines freien *Schreib*stils als vielmehr einer überraschend freien *Lebens*form. Es ist die andere *Erfahrungs*basis, die diese Texte abhebt von vielem, was im Bereich deutscher Theologie entsteht. »Alles«, betont Cox, »was als ›Sitz im Leben‹ bezeichnet wird, ist für mich bereits ein ausschlaggebender *theologischer* Faktor, auf keinen Fall nur ein nebensächlicher Kristallisationspunkt. Mit anderen Worten: Mein Lebensstil, das, was ich mit meinem Leben anfange, wo ich lebe, meine politische Aktivität undsoweiter, all das darf nicht isoliert von meinen theologischen Aussagen betrachtet werden.«

»Experientia facit theologum« heißt ein Satz Luthers, der neuerdings gerne zitiert wird. Aber welche Erfahrung ist da gemeint? Die Erfahrung des eigenen Glaubenslebens, wie der Neupietismus sie will? Die isolierte Selbsterfahrung, wie die Neue Mystik der jugendlichen Subkultur sie urgiert? Die kirchliche Tradition kennt die bedrückende Erfahrung eigener Sündhaftigkeit, die spontan motivierende Erfahrung des Geistes, die strenge Erfahrung des Willens Gottes und die tröstliche, die stabilisierende Erfahrung brüderlicher Gemeinschaft. Letztere ist es, die heute offenbar — aller theologischen Reflexion voraus — am stärksten gesucht wird. Es ist die Suche nach einer menschenfreundlichen, einer authentischen Kommunikation, in der man sich halten kann vor den institutionellen und moralischen Superstrukturen, gegenüber den pausenlos vorgebrachten Imperativen von außen und innen.

»Botschaft von oben» — als Anti-Erfahrung?

> Die reine Lehre, zwanghaft festgehalten, wird zur leeren Reinheit. Offenbar kann die reine Lehre nur lebendig festhalten, wer sich von ihr hat freimachen lassen.
>
> Thomas Bonhoeffer, 1972

Die Suche nach authentischem Leben, nach — letztlich — religiöser Identität haben wir mit den früheren Generationen gemeinsam. Nur, Identität wird heute nicht mehr einzig von oben empfangen, von außen imputiert gedacht, sondern in der eigenen Alltagserfahrung mit den anderen gesucht und gefunden. Daß dabei antithetisch auseinandergerissen wird, was doch dialektisch zusammengehört, mag in diesem und jenem Hirtenwort beklagt, sollte aber zunächst als Folge jüngster Theologie und eigener kirchlicher Praxis durchschaut werden: Haben nicht lutherische und dialektische Theologie nach 1945 noch einmal — scheinbar legitimiert durch die Erfahrungen des Kirchenkampfes — den Heilswillen Gottes proklamiert als steile »Botschaft von oben«, in dezidiertem Widerspruch zu menschlicher Selbsterfahrung und Möglichkeit? 1939 konnte Oskar Hammelsbeck in seinem programmatischen Buch »Der kirchliche Unterricht« schreiben: *»Unterricht heißt Richten-unter.* Nicht menschliche Maßstäbe und Absichten gelten, nicht menschlich eigenmächtige Planung, sondern Forderung, Botschaft von oben, unter die wir zu treten haben« (S. 17). Selbst die Seelsorge war quasi als Anti-Erfahrung konzipiert, durfte nicht von den spezifischen Bedürfnissen und Nöten des Ratsuchenden selbst ausgehen, sondern streng deduktiv, von der Thematik Sünde, Kreuz, Vergebung. Eduard Thurneysen konnte 1946 entsprechend formulieren (Die Lehre von der Seelsorge, Zollikon, 1946, S. 119): »Weil das Seelsorgegespräch das ganze Feld des menschlichen Lebens mit allen darin wirksamen psychologischen, weltanschaulichen, soziologischen und moralischen Deutungen und Beurteilungen dem Urteil des Wortes Gottes unterstellt, darum geht durch das ganze Gespräch eine *Bruchlinie*, die anzeigt, daß das menschliche Urteilen und Bewerten und das ihm entsprechende Verhalten hier zwar nicht außer Kraft gesetzt, aber daß es in seiner Vorläufigkeit erkannt ist. Da der Mensch sich diese Relativierung und damit gegebene Beschränkung seines natürlichen Urteils nicht gefallen läßt, sondern sich dagegen zur Wehr setzt, wird das Seelsorgegespräch zum *Kampfgespräch*, in welchem um die *Durchsetzung des Urteils Gottes* zum Heil des Menschen gerungen wird.« (Hervorhebungen von H. E. B.)

Wo der christliche Glaube so verwechselbar in die Nähe einer passiven Nicht-Autonomie rückt, entstehen infantile Abhängigkeitsverhältnisse nicht nur coram Deo, sondern gegenüber allen denkbaren Autoritäten im Laufe eines Lebens. »Der Mensch des Reiches Gottes«, so schreibt Werner Jentsch im Anschluß an das Kinderwort Jesu in Matth. 18 (Urchristliches Erziehungsdenken, Gütersloh, 1951, S. 212) »muß selbstverleugnend sein. Es soll sich unreflektiert und arm wie ein Kind radikal allein auf Gott werfen. Nichts von autonomer Selbstbehauptung darf sich zwischen ihn und Gott schalten.« Eine Reihe empirischer Studien hat gezeigt, was unter solchen Bedingungen an Reifemöglichkeiten, an Erwachsenwerden im Bereich religiöser Sozialisation unterbunden wird. »Will man eine gewisse Einseitigkeit in Kauf nehmen«, urteilt Joachim Scharfenberg, »so könnte man sagen: Was mit Paulus ›Reife im Glauben‹ genannt werden kann (1. Kor. 13,11), mißlingt in erschreckendem Ausmaß. Die Ausprägungen von Glaube und Frömmigkeit, wie sie in unseren Gemeinden tatsächlich gelebt werden, müssen als zutiefst infantil bezeichnet werden« (Religion zwischen Wahn und Wirklichkeit [= Konkretionen 13], Hamburg, 1972, S. 209 f.); daß hierzu auch theologische Begründungen mit ganz anderer, eindeutig emanzipatorischer Intention ungewollt beitragen, hat Dorothee Sölle an Helmut Gollwitzers spätbarthianischem Ansatz kürzlich aufgezeigt (Christus und Prometheus, in: Merkur 291 [Juli 1972], S. 701 ff.).

Die Abwertung säkularer Selbsterfahrung durch die hier nur äußerst grob skizzierten theologischen Entwürfe verdiente nicht der Erwähnung, wäre sie nur ein fachwissenschaftlicher Legitimationsstreit ohne öffentliche Bedeutung. Wir müssen aber davon ausgehen, daß religiöse

Infantilität eine generelle Infantilität anzeigt, also eine allgemeine Unfähigkeit bezeichnet, neue Selbst- und Welt-Erfahrungen zu machen.

Die hier begegnende individuelle Lernunfähigkeit ist andererseits jedoch auch Ausdruck der politischen Traumatisierung und des entsprechenden Heilschlafbedürfnisses vieler Menschen, deren prägende Lebenserfahrungen in der Zeit des Faschismus und der nachfolgenden Rekonstruktionsperiode gemacht wurden. Zutiefst überanstrengt, psychisch wie politisch irritiert, ließ sich diese Generation, die Eltern der Studenten von 1967/68, verwickeln in die technischen Prozeduren der Wiederaufbauarbeit auf der Basis besitzbürgerlicher, marktwirtschaftlicher Gesellschaftsordnung.

Eine von diesem Kontext nur mittelbar betroffene Generation erst, die Schüler, Lehrlinge und Studenten der Jahre 1967/68, war entlastet genug, um zu gänzlich neuen Erfahrungen zu gelangen.

Menschliche Kommunikation, Suche nach authentischem Leben

Worin besteht nun die kritische Leistung dieser Herangewachsenen im Blick auf unsere spezielle Fragestellung neuer Kommunikation? Man wird, angesichts des gegenwärtigen politischen Disziplinierungsversuchs einer verärgert-neidischen Vätergeneration, festhalten müssen: Formen authentischen Lebens wurden in dieser Protest- und Reformbewegung entdeckt, die in einem fruchtbaren Widerspruch stehen zur bisherigen profitorientierten Lebensorientierung, nicht zuletzt auch zu bisherigen, oben skizzierten Formen religiöser Identitätsvermittlung.

Kennzeichen der Wiederaufbauperiode in Deutschland war die forcierte Ausrichtung auf wirtschaftliches Wachstum. Aber in allen industrialisierten, hochkomplexen Systemen ist heute die Staatstätigkeit angestrengt gerichtet auf Wirtschaftswachstum, auf Vermeidung systemgefährdender Risiken, so daß Politik einen eigentümlich negativ-präventiven Charakter annimmt, *Krisenmanagement* wird, obwohl die Verfassung *produktive* Reformpolitik gebietet, *die aktive Herstellung sozialer Demokratie.* Verkümmert politisches Handeln aber zur bloßen Konflikteindämmung, dann reduziert Politik sich auf zweckrationale

Organisation von Mitteln und Sachen, mithin auf vorwiegend technische Administration. Grundsätzliche Fragen nach den fundamentalen Normen unseres Zusammenlebens werden dann immer nur in Kategorien des wirtschaftlich Verfügbaren vorgelassen. Und diese öffentlich zugelassenen Definitionen erstrecken sich auf die Vermehrung von Realeinkommen, Freizeit und Sicherheit *(Quantität)*, aber nicht darauf, »wie wir leben möchten, wenn wir im Blick auf erreichbare Potentiale herausfänden, wie wir leben könnten« (J. Habermas) *(Qualität)*. Eben diese Fragen nach der Qualität des Lebens sind es, die im Zusammenhang der Protest- und Reformbewegung neu gestellt wurden. Die Möglichkeit, über solche Elementarfragen ohne Einschüchterung durch Utopieverdächtigung, ohne individuelle Schuldgefühle, frei sprechen zu können, hat sich für die mittlere und ältere Generation überhaupt erst im Zusammenhang mit der Reformbewegung der Jugend gebildet. Und man spürt: In deren Suche nach authentischen Lebensformen zeigt sich auch eine neue Sensibilität für die Notwendigkeit religiöser Identität, wenngleich deren Ausdeutung bei Cox mir zu unkritisch erscheint (Vgl. meine Anfragen in: Radius 1971, H. 4, S. 46 ff.).

... Als ich jung war, hoffte ich
Daß ich einen Alten fände, der sich belehren ließe.
Wenn ich alt sein werde, hoffe ich
Findet mich ein junger Mensch, und ich
Lasse mich belehren.

Bert Brecht, 1941

Harvey Cox berichtet auf den folgenden Seiten über Experimente eines neuen Lebensstils. Nachdrücklich betont er, daß seine eigenen Versuche als solche keine Modellfunktion für andere haben. Sie sind in vielem milieubedingt, allerdings. Beispielhaft aber scheint mir der Impuls zu sein, der aus diesen Berichten spricht: Ein Lehrer, Exponent der mittleren Generation, lernt von seinen Schülern, den Zwanzigjährigen, läßt sich nicht länger ein auf die Fixierung des Studenten und Professors auf die Rollen von Empfängern und Verteilern. Daß der Schüler der beste Lehrer des Lehrers ist, weil dem Lehrer niemand besser widersprechen kann, ist alte pädagogische Weisheit. Sie gilt heute in weitaus schärferem Sinn, wo immer man die konventionelle Bindung der Pädagogik an den Schulraum entschränkt und eigene Experimente authentischen Lebens als Lernfeld entdeckt. Wenige Lehrer und wenige Eltern erst lassen sich darauf ein.

Beim 5. Salzburger Humanismusgespräch 1970, während unserer Referate und der sich anschließenden Diskussion (vgl. Oskar Schatz [Hg.], Hat Religion Zukunft? Graz, 1971, S. 137 ff., 150 ff.), stellte sich bald heraus, daß Cox und ich von ähnlichen Eindrücken und Erfahrungen ausgingen. Eine Veröffentlichung legte sich nahe. Cox' Interesse daran, seine eigenen Versuche, Theologie als Autobiographie zu formulieren, in den »Konkretionen« vorzustellen, gründet sich auf die prinzipielle Orientierung dieser Reihe: von ihrem ersten Band an wurde methodisch die Bedeutung der studentischen Reform-Bewegung für Kirchen- und Gesellschaftsreform verfolgt und reflektiert.

Einlösen ließ sich das Interesse Cox' allerdings erst durch Rüdiger Reitz. Er hat die Redaktion dieses Bandes von der ersten Rohübersetzung an bis zur eigens für das zusammenfassende Schluß-Interview (»Die dramatische Alternative«) durchgeführten USA-Reise besorgt. Ihm und Harvey Cox besonderen Dank.

Hans-Eckehard Bahr

I. Versuche mit einem neuen Lebensstil

An Theologen vom intellektuellen Format eines Harvey Cox fehlt es derzeit in der deutschsprachigen theologischen Diskussion nicht. Ginge es allein darum, brauchten wir den amerikanischen Harvardprofessor nicht zu bemühen. Woran es aber fehlt, sind Theologen, die auch von sich selbst reden, die dem Publikum verraten, wer sie sind. Weil das unter deutschen Theologen entweder verpönt oder nur ganz selten möglich ist, sollte Harvey Cox auf dem Kontinent stärker als bisher zu Wort kommen.

Über den Lebens- und Wohnstil zu reden und dessen Auswirkung auf die theologische Arbeit festzustellen, ist für Cox vorrangig vor jeder Verständigung über die theologische Ausgangsposition. Als Cox 1963 von einer ausgedehnten Studien- und Praxistätigkeit in Ostberlin nach Amerika zurückkehrte, mietete er für sich und seine Familie eine Wohnung im Bostoner Stadtteil Roxbury. In der Nachbarschaft wohnten überwiegend Schwarze. Es bedarf keines weiteren Hinweises, daß seine Entscheidung, als einzige weiße Familie unter Schwarzen zu leben, eine Mutprobe ersten Ranges war.

Im Jahre 1970 ist Cox aus diesem Stadtteil weggezogen. Die Verlegung seines Wohnsitzes ist auch der konkrete Anlaß für das folgende Interview, das Charles Fager führte, der damals wissenschaftlicher Mitarbeiter von Cox war. Zum Zeitpunkt dieses Interviews lebte Cox zusammen mit einer anderen Familie in seinem zweiten Wohnarrangement. Dieses Arrangement hielt zwei Jahre. Im Spätsommer 1972 entschloß sich Cox für ein drittes Wohnarrangement. Darüber spricht er ausführlicher in dem Interview »Die dramatische Alternative«.

Ein Interview mit Charles Fager

FRAGE: Sie sind neulich aus einem Wohngetto, in dem Sie schon seit Jahren lebten, ausgezogen.[1] Weil Sie seinerzeit nicht aus bloßer Solidarität mit den Nachbarn dorthin gegangen sind, hat Ihr Wohnungswechsel offensichtlich eine grundsätzlichere Bedeutung, als es zunächst scheint. Welche Umstände haben Sie dazu veranlaßt, Ihre bisherige Wohnung aufzugeben?

COX: Wir haben dort fast sieben Jahre gewohnt. Am Tage von Präsident Kennedys Beerdigung sind wir dort eingezogen – natürlich aus Gründen, die auf alles andere als Bequemlichkeit Schlüsse zulassen. Im Gegenteil: Ausgesprochen angenehm war da überhaupt nichts. Die Frage, mit der wir damals – wie übrigens heute noch – zurechtzukommen suchten, lautete: Wie kann eine weiße Familie in einem schwarzen Getto Kontakte zur Umgebung anbahnen? Hier stehen wir vor einem sehr kniffligen Problem. Unser neuerlicher Wohnungswechsel hat nichts mit der Sorge um unsere persönliche Sicherheit zu tun. Natürlich hat uns diese Frage stets begleitet, inzwischen ist es zweifellos auch gefährlicher geworden; das war aber nicht der entscheidende Grund. Gut, wir hatten viel Ärger mit Einbrüchen, aber niemals mit einem einzigen Fall von Belästigung oder Tätlichkeit uns gegenüber.

FRAGE: War das ein schwerer Einbruch, von dem Sie sprachen. Wieviel haben Sie schätzungweise dabei verloren?

COX: Ganz schön viel. Bei einem Einbruch haben sie uns von der gesamten Hi-Fi-Einrichtung samt unseren Musikinstrumenten erleichtert. Nebenbei gingen noch Kameras, Projektoren und Mixgeräte mit. Ein anderes Mal ist die halbe Einrichtung flötengegangen; das passierte noch ein drittes Mal. Zum Schluß waren es 7 Einbrüche; von Mal zu Mal hatten wir uns einige Sachen neu angeschafft ...

Aber selbst diese Vorfälle waren nicht der ausschlaggebende Grund. Man kann lernen, damit zu leben, das heißt, sich nicht zu sehr an solche äußeren Dinge zu hängen. Man geht dann eben hin und kauft sich anstatt eines teuren einen billigen Plattenspieler.

1 Vgl. dazu auch das Interview »Die dramatische Alternative«, Seite 98.

Was nun aber das eigentliche Problem angeht, so ist für mich ausschlaggebend, daß ich ausreichende Kommunikation zur Umgebung, in der ich wohne, entwickeln möchte. In meinem Wohnbezirk möchte ich gern an den entscheidenden Fragen beteiligt sein; wie das aber im Getto aussehen soll, ist noch längst nicht beantwortet. Nicht, daß ich von den Leuten abgelehnt werde; vielmehr liegt die Schwierigkeit auf meiner Seite. Mir fällt es nämlich schwer zu entscheiden, wann ich den schwarzen Familien gegenüber mit meiner Führungsrolle und meinen Initiativen, die ich ja aufgrund von Privilegien entfalten kann, zurückhaltend sein soll. Darin stellt sich für mich ein erhebliches Problem. Ich wußte oft nicht, an welchem Punkt ich der Situation auswich und mich vor mir selbst mit der Hoffnung rechtfertigte: Die Leute werden es schon selbst verstehen, ihre Angelegenheit in die Hand zu nehmen. Ich wußte auch nicht so recht, wann ich mich zurückziehen sollte, weil ich der Meinung war, daß andere Leute an diesem Punkt aktiv werden müßten. Man kann immer noch die unheilvolle Tendenz beobachten, daß sich Gettobewohner auf einflußreiche Leute aus dem Mittelstand verlassen, die gute Kontakte aufweisen können, wobei es keine Rolle spielt, ob sie schwarz oder weiß sind. Nur daß die Weißen gewöhnlich mehr Kontakte oder zumindest andere Kontakte haben, Dinge zu bewerkstelligen, als Schwarze.

So arbeiteten beispielsweise meine Frau und ich drei Jahre lang sehr hart an der Gründung einer »Freien Schule« (free school)[2]. Ich halte dieses Projekt für eine der eindrucksvollsten Errungenschaften der schwarzen Bevölkerung von Boston. Die Schule ist heute noch in Betrieb, übrigens mit sehr gutem Erfolg. Sie bietet eine echte Alternative zur städtischen, mit Steuergeldern unterhaltenen Schule. Sie wird zu 85–90 % von schwarzen Kindern besucht und von Eltern geleitet. Für dieses Projekt hatten wir uns stets voll eingesetzt, mußten dabei aber immer mit dem Problem kämpfen, die rechte Mitte zwischen einem Zuviel und einem Zuwenig an Führungsstil herauszufinden.

[2] Diese Einrichtung geht ausschließlich auf private Initiativen zurück. Die »Free School« ist der Versuch, eine »Gegenschule« zu den etablierten Schultypen zu starten. Diese Schulen wollen den spezifischen Bedürfnissen von Minderheiten didaktisch Rechnung tragen. Die »Free School« hat aber nichts mit Ivan Illichs Konzept der »Entschulung« zu tun.

Wie gesagt, an diesem Punkt ergab sich eine dauernde Schwierigkeit für mich, was sich in dem Wunsch ausdrückte, an einen Ort auszuweichen, wo diese Frage nicht immer wieder auftauchte. Dazu kommen noch so viele andere Schwierigkeiten – die Spannungen und psychologischen Belastungen einer Gemeinwesenarbeit –, die in mir das Verlangen nach einem Plätzchen auf der Erde aufsteigen ließen, wo man wenigstens einmal die eben beschriebenen Probleme über Bord werfen kann.

Der andere Grund, warum wir die Wohnung aufgaben, liegt darin, daß ich die heuzutage weit verbreitete Ansicht teile, wonach in der Gemeinwesenarbeit der beste Platz für Weiße wie mich gerade in ihren eigenen Wohngebieten zu suchen ist. Die Gegend, wo wir jetzt wohnen [3], ist bunt zusammengewürfelt: Junge Arbeiterfamilien, Studenten, ältere Arbeiter und Universitätsangehörige. Eine recht interessante Wohngegend ist das also hier in Cambridge; darüber sind wir eigentlich recht glücklich.

Andererseits wäre ich alles andere als ehrlich, wenn ich nicht meine tiefe Sehnsucht nach der ehemaligen Umgebung eingestehen würde. Neulich – es war schon sehr spät – legte meine Frau eine Platte von Aretha Franklin [4] auf. Als wir zu tanzen begannen, fühlte ich mich emotional so richtig *miserabel,* weil so viele alte Lebensformen wieder in unserer Erinnerung aufstiegen, Lebensgewohnheiten, die bedeutsam für uns geworden waren. Schließlich haben wir ja sieben Jahre lang in Roxbury gewohnt. Wer mit seinen Freunden die einschneidenden Veränderungen im Leben emotional über eine so lange Zeit hinaus geteilt hat, muß manches zurücklassen.

FRAGE: Wie ich gehört habe, verzichten Sie in Ihrer neuen Wohnung auf das Telefon und andere technische Errungenschaften. Können wir mehr darüber erfahren?

3 Zum Zeitpunkt dieses Interviews, also 1971, lebte Cox mit seiner Familie in seinem 2. Wohnarrangement. Zum 1. Wohnarrangement vgl. auch das Interview »Die dramatische Alternative«, Seite 98. Das 3. Wohnarrangement ist im gleichen Interview bereits angedeutet.

4 Aretha Franklin, Pfarrerstochter, ist eine der bekanntesten schwarzen Blues-Sängerinnen.

Cox: Vor etwa fünf Jahren entschloß ich mich dazu, mir ein Telefon zuzulegen mit einer Nummer, die nicht im amtlichen Fernsprechbuch geführt wurde. Ich konnte die ständigen Eingriffe des Telefons in mein Leben einfach nicht mehr ertragen, vor allem die Arroganz des Telefons selbst. Zuletzt konnte ich meinen Kindern nicht einmal mehr eine Gute-Nacht-Geschichte vorlesen oder Mahlzeiten in Ruhe beenden. Ganz zu schweigen vom Bücherlesen oder einer anderen Tätigkeit. So bekamen wir schließlich eine Decknummer. Decknummern bleiben aber nicht sehr lange das, was sie zu sein vorgeben. Diese Art der Kommunikation hat allerdings einen Nachteil: Die Leute können mich nicht zurückrufen.

Als wir nach Cambridge zogen, nahmen wir uns vor, es eine Weile ohne Telefon zu versuchen, gewissermaßen als ein Experiment auf dem Gebiet der technologischen Askese, wenn Sie das so nennen wollen. Wissen wir eigentlich noch, wie das ist: zu einem hinzu*gehen,* um ein paar Worte mit ihm zu wechseln? Machen wir uns doch einmal klar, wie das Leben ohne Telefon aussieht: Wenn einer seine Verabredung nicht einhalten kann, muß er wohl oder übel einen Bekannten vorbeischicken, oder aber er kommt gar nicht; dann kann man eben etwas anderes machen. Wie sähe es wohl aus, das Leben auf dieser unkomplizierten Ebene neu zu organisieren? Ohne Telefon! Wie viele Bequemlichkeiten und wie viele Unbequemlichkeiten wären damit verbunden?

Ich für meine Person kann Ihnen auf jeden Fall versichern, daß seit dem Zeitpunkt, wo wir ohne Telefon sind, das Leben geradezu phantastische Formen angenommen hat. Sie wissen ja, wie das ist, wenn die Leute beim Klingeln des Apparates jener kleine momentane Schock durchfährt, der sie aus jedem Gespräch, aus allem, was sie gerade tun, herausreißt, bloß weil sie dieses verdammte Ding abnehmen müssen. Das Läuten dieses kleinen Weckers ist in unserer Wohnung einfach unbekannt. Manchmal kann ich mir gut vorstellen, daß es Leute gibt, die sogar ein Liebesspiel abbrechen oder beim Beten einhalten, um den Hörer abzunehmen. Das Telefon ist ein einziger großer Störenfried.

Fairerweise sollte ich aber zugeben, daß in meinem Dienstzimmer in der Universität ein Telefon steht. Natürlich benutze ich diesen Apparat. Die Leute versuchen, mich dort zu erreichen, obwohl ich mich nicht sehr oft dort aufhalte. Freilich gibt es in der Nähe meiner Wohnung auch

Telefonzellen; wenn wir wirklich einmal telefonieren müssen, tun wir das auch von dort. Der Verzicht auf ein eigenes Telefon war bis jetzt zu 99 % angenehm und nur zu einem Prozent mit Unannehmlichkeiten belastet ...

Allerdings behaupten wir nicht, ein lebenslanges Gelübde für Armut, technologische Enthaltsamkeit und Telefonlosigkeit abgelegt zu haben. Vielmehr haben wir uns auf ein Experiment eingelassen, um herauszufinden, wie es sich ohne Telefon lebt. Bis jetzt haben wir durchgehalten.[5]

Von unserem Fernsehapparat haben wir uns ebenfalls getrennt. Dabei lag die Initiative gar nicht bei uns. Nachdem man uns zweimal bestohlen hatte, entschlossen wir uns, auf jeden weiteren Neuerwerb zu verzichten. Jetzt üben die Kinder Druck auf uns aus, nicht gerade störend, jedoch so nachdrücklich, daß wir uns ihren Wunsch zu eigen gemacht haben. Sieben oder acht Monate haben wir schon ohne das Ding ausgehalten. Dabei vermissen die Kinder den Fernseher nicht in der Weise, wie sie sich das einbilden. Statt dessen lernen sie, sich mit allen möglichen Dingen zu beschäftigen. Viel häufiger als vorher benützen sie ihre Hände, z. B. beim Modellieren. Gelangweilt sind sie überhaupt nicht. Nur halten sie uns manchmal vor: »Wie blöd, daß wir keinen Fernseher haben. Dann könnten wir uns Sesame Street[6] ansehen« – eine sehr geschickte Art, an unsere erzieherischen Maximen zu appellieren!

Ich möchte jedoch nicht den Eindruck erwecken, als wollte ich unseren Kindern den Fernsehapparat grundsätzlich vorenthalten. Es kann durchaus sein, daß wir bald wieder einen bekommen.[7] Für diesen Fall haben wir uns schon jetzt vorgenommen, an jedem Wochenanfang mit der ganzen Familie zu entscheiden, was wir sehen wollen und was nicht. In Frage kommt nur ein tragbares Gerät, das sich in jedem Zimmer aufstellen läßt. Ganz bestimmt aber werden wir nicht so ein gigantisches Auge aufstellen, von dem das ganze Zimmer beherrscht wird. So

5 Vgl. dazu »Die dramatische Alternative«, S. 98.

6 Sesame Street ist das bekannteste TV-Kinderprogramm in den USA. Produzent ist »Children's Television Workshop«. Die Filmserie ist inzwischen von nahezu 50 Ländern angekauft worden.

7 Wie es zum Erwerb eines neuen Fernsehers kam, vgl. »Die dramatische Alternative«, S. 99.

etwas kommt nie wieder ins Haus. Hinzu kommt, daß wir gegenwärtig mit einer anderen Familie in einer Art Wohngemeinschaft zusammenleben. Unser Wohnzimmer wird einfach zweckentfremdet, wenn die dort stattfindenden intensiven menschlichen Beziehungen ständig von der Fernsehröhre durchkreuzt werden.

Bei alldem habe ich mir auch abgewöhnt, Abend für Abend die 11-Uhr-Nachrichten anzusehen. Ich muß sagen, ich vermisse sie überhaupt nicht. Ich kann mir hin und wieder eine Zeitung kaufen, und dann erfahre ich ja, ob de Gaulle noch lebt oder Janis Joplin gestorben ist. Ich glaube, wir überschätzen maßlos die Bedeutung des stündlichen Einschaltens von Nachrichten. Wozu brauchen wir das alles zu wissen! Das meiste davon ist sowieso nur Unsinn oder die obligaten Presseverlautbarungen. Ich kann mir gut vorstellen, daß man über eine viel ruhigere und ausgeglichenere Art, sich mit schwerwiegenden Fragen auseinanderzusetzen, verfügen kann, wenn man sich nicht dauernd von diesen Sendungen überfluten läßt.

Noch ein paar Bemerkungen zu unserem Auto. Wir hatten keinen Erfolg damit, das Ding zu verkaufen. So entschieden wir, es nicht mehr zu benutzen – ausgenommen kleinere Fahrten in die nähere Umgebung der Stadt. An diesen Vorsatz haben wir uns – von wenigen Ausnahmen abgesehen – gehalten. Jeder von uns hat statt dessen ein Fahrrad, das – zusammen mit den öffentlichen Verkehrsmitteln – fleißig benutzt wird. Aber lassen Sie mich noch einmal betonen, daß das hier kein allgemeingültiges Modell sein kann, denn wir wohnen in einem unvergleichlich günstig gelegenen Stadtteil. Dort auf das Auto zu verzichten, bringt überhaupt keine Unannehmlichkeiten mit sich. Im Gegenteil. Gerade die Benutzung des Autos wäre heller Wahnsinn . . .

Zusammenfassend würde ich etwa folgendes sagen: Was wir in der Familie tun, ist das Experimentieren mit einem einfacheren Lebensstil, nicht im Sinne eines ständigen, aufopfernden Einsatzes, sondern als Praxis einer menschlicheren Art des Zusammenlebens. Sollten wir wider Erwarten einige dieser gestohlenen Sachen zurückbekommen, etwa den Fernseher, dann sind wir wohl eher in der Lage, diesen Komfort zu schätzen als früher, weil wir eine Zeitlang verstanden haben, ohne die Annehmlichkeiten des Lebens auszukommen. Wahrscheinlich werden wir aber auch eher in der Lage sein, diese Dinge zu *kontrollieren.*

Vielleicht ist das eine moderne Spielart des Fastens. Ich darf nur daran erinnern, daß es bekanntlich dann besser schmeckt, wenn man zuvor gefastet hat.

FRAGE: Erzählen Sie uns doch noch etwas von dem Gemeinschaftsprojekt, das Sie erwähnten. Ich nehme an, daß es selbst für Sie eine ganz neue Erfahrung ist.

COX: Unbedingt. Mit dieser Frage haben Sie aber gleich ein ganzes Bündel anderer sehr komplizierter Fragen aufgeworfen.

FRAGE: Gerade diese Art, Fragen zu stellen, macht mir Spaß.

COX: Na schön. Ich sollte vielleicht zunächst darauf verweisen, daß ich mich zusammen mit meiner Frau seit zwei Jahren mit der herkömmlichen Kernfamilie eingehend beschäftige, besser gesagt, mit den dysfunktionalen Seiten der gegenwärtigen Kleinfamilie, wenn ich das einmal so ausdrücken darf. So wie sie im Augenblick strukturiert ist, erscheint diese Kleinfamilie als eine verhältnismäßig junge Form in unserer Generation: abgeschnitten von Onkeln, Großeltern usw. Selbst in der Generation, in der ich groß wurde, lebte der größere Familienverband noch in unmittelbarer physischer Nachbarschaft zueinander – wenn nicht sogar unter einem einzigen Dach. Ganz bestimmt aber lebte die Generation davor noch in einem Haus zusammen. Und heute – wo leben die Verwandten? Wir bekommen sie so gut wie nie zu Gesicht.

Das alles bedeutet, daß sich ein beträchtliches Maß an emotionaler Erwartung, an Feindschaft, Affekten und Identifikationswünschen auf einem sehr schmalen Raum massiert, abgewälzt auf Mann, Frau und die Kinder. Von daher wundert es mich nicht, wenn viele dieser Familien auseinanderbrechen. Mich überrascht auch nicht die hohe Scheidungsquote und die Anzahl nervöser Zusammenbrüche. Ich bin sogar überrascht, daß es nicht mehr sind.

Das andere, was sich im Gefolge einstellt, ist die Tatsache, daß die Leute in einen Dauerzustand des Egoismus zueinander verfallen: Sie häufen Gebrauchsgüter für ihre Familie an, lassen alles grundsätzlich nur noch im Rahmen der Familie geschehen, kurz, die Familie wird fälschlicherweise als Focus im persönlichen Erfahrungsfeld angesehen. Kein Vorgang von Bedeutung ist mehr vorstellbar, der *nicht* innerhalb der Familie vonstatten geht und was dergleichen sonst noch an Unsinn grassiert. Das Ganze ist ein einziger Schwachsinn.

Was uns nun betrifft, haben wir uns für die Erweiterung der Familie, zu so etwas Ähnlichem wie einer Großgruppe entschieden, und zwar zusammen mit einer anderen Familie, die so dachte wie wir und mit der wir uns gut verstehen. Ein solches Unternehmen läßt sich nicht aus einem bestimmten *Prinzip* heraus durchsetzen – so wie beispielsweise in eine Heirat eingewilligt wird, nur weil man davon überzeugt ist, daß Heiraten eine gute Sache ist. Wie sich die Leute das eben so zurechtlegen: Heiraten ist an sich eine gute Sache; zugleich ist da jemand, den man zu ehelichen wünscht. Natürlich braucht das Ganze eine Weile. Eine Art Umwerbung setzt dann ein, es kommt zu Verhandlungen mit der anderen Familie, auch zur Prüfung des Partners – bis dann schließlich jemand zu einem stößt, der ein solches Projekt unterstützt. So etwa war das in unserem Fall.

FRAGE: Berichten Sie uns doch noch etwas über die andere Familie, mit der Sie zusammenleben.

COX: Gern. Es handelt sich um ein Ehepaar, das ein Baby erwartet. Die beiden sind 10 bis 15 Jahre jünger als wir und mit uns davon überzeugt, daß die Großfamilie aus psychologischen, aber auch geistlichen Gründen lebensnotwendig ist. Schließlich haben wir Interessen gemeinsam: die Beschäftigung mit Theologie, Religion, Geschichte und ähnlichen Sachbereichen. Wir leben nun seit vier Monaten zusammen.[8]

FRAGE: Auf welche Form des Zusammenlebens haben Sie sich mit der anderen Familie geeinigt?

COX: Vorweg sollte ich klarstellen, daß jede Familie ihr eigenes Schlafzimmer hat. Sehr bald ist uns klargeworden, daß eine Eheform mit Partnertausch für unsere Altersgruppe und bei unserem Stand der Sozialisationspraxis nicht das richtige ist. Das ändert nichts daran, daß jedem einzelnen von uns das gesamte Haus mitgehört, obwohl meine Frau und ich die Besitzer sind. So sieht jeder von uns das ganze Haus

[8] Zu den Schwierigkeiten, die im 2. Wohnarrangement nicht überwunden werden konnten, äußert sich Cox in »Die dramatische Alternative«, S. 104 f.

als seinen persönlichen Lebensbereich an. Wir wollen ja nicht so miteinander das Leben teilen, daß jeder für sich zurückgezogen in einem Zimmer für sich dahinlebt. Die täglichen Aufgaben einer Familie werden deshalb arbeitsteilig bewältigt: Einkauf, Kochen, Hausputz, Kindererziehung, Überwachen der Hausaufgaben usw. Wir versuchen auch, andere Dinge gemeinsam zu machen. So experimentieren wir hin und wieder im kultisch-religiösen Bereich.

Bis jetzt läuft alles gut, besser als ich mir das ursprünglich vorgestellt habe. Natürlich werden sich irgendwann Schwierigkeiten einstellen. Kleine Rangeleien gab's hin und wieder; es gibt aber auch Augenblicke, wo wir uns dazu ermutigt fühlen, unsere Frustrationen auszusprechen. Trotz alledem: *Ich bin der Überzeugung, daß dies der einzig vernünftige Lebensstil ist.* Es ist doch einfach anomal, Leute in kleinen Kernfamilien zusammenzupferchen. Am schlimmsten trifft es die Frauen, weil sie in einer noch unwürdigeren Weise an die Kette gelegt sind.

Bei uns nun wird es so gehalten, daß sich die beiden Frauen im Kochen abwechseln. Meine Frau beispielsweise ist turnusmäßig eine ganze Woche lang das Kochen los. Wir Männer haben einen Modus für uns zurechtgelegt. Einmal pro Woche kochen wir, damit die Frauen frei haben. Verständlicherweise war ich sehr interessiert daran, wie die Kinder auf diesen Lebensstil reagieren. Bis jetzt ist alles gut gegangen — wahrscheinlich deshalb, weil die andere Familie sehr kinderlieb ist und sich eingehend mit ihnen beschäftigt.

Es ist aber noch etwas anderes mit im Spiel, daß dieses Projekt — und hier spreche ich einmal ganz für meine Person — mir ein großes Stück weitergeholfen hat. Dieses Arrangement hat es mir ermöglicht, von der Bindung ans Geld, von dem ich mehr als von allem anderen befreit sein möchte, loszukommen. Was ich meine, ist die Anhäufung von Gebrauchsgütern, Versicherungspolicen oder Altersabsicherungen. Aber schon durch die bloße Tatsache, daß einige Leute mehr in der Familie leben, ist es schon gar nicht mehr möglich, Gebrauchsgegenstände zu horten. Es bleibt einem nichts anderes übrig, als sich mit dem Gedanken vertraut zu machen: Es gibt nur noch Gemeinbesitz. Was mir gehört, gehört auf einmal auch den anderen. Es ist halt Gemeinbesitz.

Das fängt mit ganz unbedeutenden Dingen an. Wem gehört diese Flasche Wein, wem die Schallplatten? Das hört sich ziemlich nebensächlich an; tatsächlich jedoch ist der Abschied von jener egozentrischen Gewohnheit, Dinge zu horten, ein einschneidender Vorgang, wenigstens für mich. Zumindest teilweise möchte ich mich noch vor meinem Tode von diesen Dingen befreit sehen. Ich bilde mir ein, von einigen anderen Gewohnheiten befreit zu sein; aber all das andere hängt noch an mir — weil ich ein Produkt der Periode wirtschaftlicher Rezession in den 20er Jahren bin. Die ausschlaggebenden Jahre meiner psychischen Entwicklung fielen in eine Zeit, wo es gang und gäbe war, sich etwas zusammenzuramschen.

Ich möchte doch noch einmal betonen, daß es sich aus den genannten Gründen heraus nicht um ein Modell oder gar um ein exemplarisches Experiment handelt, in das wir auch andere Leute wie in einen Wettbewerb eintreten sehen möchten. Wir haben uns vorgenommen, am Ende eines bestimmten Zeitabschnitts sehr offen und ehrlich über unsere Erfahrungen zu sprechen. Dabei steht es jedem frei, nach dieser Phase auszusteigen. Aber von solchen Erwägungen einmal abgesehen, ist dieses Projekt für mich persönlich zu diesem Zeitpunkt meines Lebens deshalb von unschätzbarer Bedeutung, weil es mir hilft, eine neue Dimension im Leben zu erschließen, das, was ich einmal als wachsende Vertrautheit mit anderen aufgrund einer neuen Sensitivität bezeichnen möchte.[9]

FRAGE: Abschließend möchte ich Sie noch fragen, ob Sie den in letzter Zeit häufig zu hörenden pessimistischen Ausblick auf die Zukunft Amerikas teilen?

COX: Ich möchte an diesem Punkt stärker differenzieren. Das mag kasuistisch klingen, ich unterscheide aber dennoch zwischen Optimismus und Hoffnung. Ich sehe keinen Grund, optimistisch zu sein, weil Optimismus eine Haltung ist, die man einnimmt, nachdem das Feld genau geprüft, die Fakten abgewogen und die Möglichkeiten ermittelt wurden. Wie gesagt, unter diesen Umständen bleibt wenig Raum für Optimismus.

9 Cox ist neben seinen Erfahrungen mit neuen emotionalen Erlebnisinhalten in der Wohngemeinschaft sehr nachhaltig von der Anwendung der »Gestalttherapie« beeinflußt worden. Vgl. dazu »Religion im Zeitalter des Wassermanns«, S. 54 f. und »Die dramatische Alternative«, S. 115.

Trotz allem bleibe ich hoffnungsvoll. Das ist gut christlich gehandelt. Ich bin nämlich zutiefst davon überzeugt, daß wir Menschen – so naiv das auch klingen mag – mit ganz bestimmten Aufgaben betraut sind und auf Kraftreserven zurückgreifen können, die sich empirisch nicht ableiten lassen. Wenn es das nicht gäbe, würde ich genauso wie andere in einen Mut der Verzweiflung zurückfallen. Vielleicht komme ich auch noch einmal dahin; ich tröste mich aber damit, daß ich mir sage: Wenn man schon einmal seinen Ausgangspunkt bei dem Postulat Hoffnung nimmt, wird es einem möglich, über die empirischen Faktoren hinweg seinen Blick auf Dinge zu heften, deren man zuvor nicht gewahr wurde. Hoffnung öffnet uns die Augen. Sie läßt sich nicht als eine bloße Glaubenshaltung abtun; in weit stärkerem Maße ist sie das Prinzip eines Erkenntnisvorgangs. Wir sollten sehr sorgfältig mit der Rede von der »Zukunft der Zivilisation« sein, weil *unsere* Zivilisation nicht unbedingt schon *zivilisatorische* Züge tragen muß. Es kann genau so gut auch so sein, daß die Industriegesellschaft auf der nördlichen Halbkugel im Niedergang begriffen ist. Man kann nur hoffen, daß im Falle einer nuklearen Katastrophe nicht alles andere mit in den Untergang gerissen wird.

Allerdings sehe ich aber auch Zeichen der Hoffnung. Eins davon ist die erstaunliche Offenheit auf seiten zahlreicher junger Leute gegenüber einem Lebensstil, der ganz bewußt nicht auf Karrieredenken, Produktivität und private Vermögensbildung Bezug nimmt. Die Leute sind heute sehr hungrig nach einem authentischen Lebensstil. Wenn es uns in der Zwischenzeit gelingt, den weltweiten nuklearen Selbstmord zu verhindern, dann mag sich dieser Ansatz, auf die Dauer gesehen, auszahlen. Ein weiteres ermutigendes Zeichen ist die wachsende Selbsteinschätzung der Dritten Welt. Wie frustriert die Völker der Dritten Welt auch sein mögen, wie sehr sie von uns und anderen Völkern ausgebeutet sind: Ihre Forderungen lassen sich nicht zurückschrauben. Ich glaube, die Dritte Welt wird letztlich siegreich sein.

Sie sehen, ich teile die apokalyptische Skepsis vieler anderer nicht. Ich kenne natürlich Leute, deren Urteil ich sehr hoch schätze, von denen ich weiß, daß sie sich gegenwärtig tatsächlich in einem Zustand apokalyptischer Verzweiflung befinden. Wenn ich diese Haltung so nicht teile, dann mag das darin begründet sein, daß ich vielleicht frivol oder naiv bin; ich neige aber doch mehr dazu, mir selbst gegenüber fortwährend einzugestehen, daß im gleichen Augenblick, wo man dieser Verzweiflung anheimfällt, auch das Eingeständnis erfolgt: Hier handelt es sich um eine Prophezeiung, die sich notgedrungen selbst erfüllt.

In gleicher Weise aber bin ich – solange ich mich daran erinnern kann – von Jesus, der Christentumstradition und vom Evangelium beeindruckt. Ich kann mich nicht entsinnen, jemals davon nicht – wenigstens zu bestimmten Stücken – geprägt gewesen zu sein ... Bis heute bin ich von diesem Ansatz nicht weggekommen. Das erfüllt mich mit einer durch und durch hoffnungsintensiven Grundhaltung, die von empirischen Faktoren einfach nicht zu erschüttern ist.

Übersetzt von Rüdiger Reitz

II. Abschied von ausgedienten Leitbildern

Der folgende Beitrag ist von Cox in Form eines fiktiven Interviews geschrieben. Er erschien zuerst 1970 in der Serie »How I changed my mind« (»Wie ich meine Auffassung geändert habe«) des protestantischen Wochenmagazins »Christian Century«. Ein Jahr nach Erscheinen des Buches »Das Fest der Narren« wurde Cox von der Redaktion aufgefordert, niederzuschreiben, welche Denkanstöße zwischen diesem und dem ersten Buch »Stadt ohne Gott?« zu Änderungen in seiner Gesamtanschauung geführt haben.

Der vorliegende Artikel vermittelt – wenn auch nur stichwortartig – Informationen darüber, auf welchem Weg Cox zur Thematik des »Festes ...« gelangt ist. Das entscheidende Stichwort lautet: Symbole in der Industriegesellschaft.

Cox ist über die empirische Methode in den Sozialwissenschaften und die phänomenologische Methode in der Philosophie zur illusionslosen Analyse der gesellschaftlichen Wirklichkeit vorgestoßen. Bei diesem Geschäft soll auch die Theologie ihren Teil übernehmen. Sie kritisiert den Rückgang von Festlichkeit und Feier, weil sie von ihren Voraussetzungen her die Beurteilung des Menschen aus Nützlichkeitserwägungen (instrumentaler Vernunft) verwirft.

Ein Interview mit mir selbst

INTERVIEWER: Ihr versprochener Artikel, Herr Cox, zum Thema »Wie ich meine Auffassung geändert habe« ist seit Wochen überfällig. Woran liegt das? Ist wieder einmal Ihre berüchtigte Fahrigkeit und Trägheit schuld?

COX: Wirklich nicht. Diesmal ist es mehr als das. Ich erinnere mich noch sehr gut daran, wie das war, als ich noch zum College ging. Damals las ich die bekannte Artikelserie »Wie ich meine Auffassung geändert habe« aus der Feder eines Reinhold Niebuhr, Paul Tillich und der übrigen Koryphäen im Land. Die Vorstellung, daß heute irgend jemand daran interessiert ist zu erfahren, wie sich *mein* Denken verändert hat, ist ein wenig beklemmend.

INTERVIEWER: Aber Sie haben doch vor einigen Jahren schon einmal einen Artikel zu diesem Thema geschrieben!

COX: Nicht daß ich wüßte. Sie meinen wohl den Artikel 1965 oder 1966 zum Thema »Wie ich mir meine Meinung bilde«. Davor war aber absolut kein Mensch daran interessiert zu erfahren, was sich in meinem Denken abspielt.

INTERVIEWER: Haben Sie damals nicht angedeutet, daß die Änderung der Einstellung an sich bereits ein bedeutender theologischer Vorgang ist? Sie fragten nach dem »Sitz im Leben« für das Geschäft des Theologisierens.

COX: Sie haben wirklich ein fabelhaftes Gedächtnis!

INTERVIEWER: Sie haben in jenem Aufsatz darauf hingewiesen, daß die Klärung der Frage, *in welcher Situation* und *mit welchem Ziel* Theologie getrieben wird, die ausschlaggebenden Faktoren für die Feststellung der Aussagekraft einer bestimmten theologischen Position sind.

COX: Ein ausgezeichneter Hinweis. Ich habe mich damals darüber mokiert, daß Theologen ihre Kollegen so außerordentlich gut in kirchenpolitischer und historischer Hinsicht einzuordnen verstehen, jedoch so auffallend unkritisch ihrem eigenen Standpunkt gegenüber sind. Ich versuchte, den Leuten klarzumachen, was wir zu allererst von den Marxisten lernen können: Nicht in erster Linie das, was zum Beispiel ein Mann wie Roger Garaudy – obwohl er im Grunde ein vollblütiger »Theologe« ist – inhaltlich zu sagen hat, sondern *in welcher Weise* eine bestimmte Theologie von der Stellung des jeweiligen Theologen in Klassenstruktur und Machtgeflecht einer Gesellschaft mitgeprägt ist. Daraus ergibt sich für mich eine nicht unbeträchtliche Schwierigkeit. Ich bin nämlich nach wie vor davon überzeugt, daß sich an dieser Tatsache nichts geändert hat. Wenn Ihre Leser das nun so aufgetischt bekommen, werden sie wohl oder übel sagen müssen, daß sich auch an meiner Einstellung *nichts* geändert hat. Das wiegt um so schwerer, als einem Theologen heute nichts anderes übrigbleibt, als alle zehn Jahre seine Meinung zu revidieren! Warum sonst jene Artikelserie?

INTERVIEWER: Darüber brauchen Sie sich keine Gedanken zu machen. Unsere Leser haben nämlich ein sehr schlechtes Gedächtnis.

COX: Wie dem auch sei; heute bin ich weniger am Dialog zwischen Marxisten und Christen interessiert als daran, daß unser *gesamtes* Denken – und ich schließe das theologische mit ein – zu großen Stücken als Ideologie seinen Anfang nimmt, natürlich aus Rücksichtnahme auf Macht und Privilegien der einen oder anderen Institution. Das ist der Grund, warum ich glaube, daß die Universität kein idealer Ort für das Geschäft der Theologie ist, wie das eine ganze Reihe von Leuten immer noch behaupten. Nach den Vorgängen im Verlauf der letzten drei Jahre wissen wir heute weit mehr über die Praktiken in den ehemals sorgfältig abgeschirmten Bereichen des Selbstinteresses unserer Universitäten und darüber, was sich tatsächlich hinter Phrasen wie »Neutralität« und so weiter verbirgt.

INTERVIEWER: Nun lehren Sie aber gerade an einer Universität!

COX: Ganz richtig. Aber beachten Sie bitte, daß ich an einer »Divinity School«[1] lehre, und nicht an der religionswissenschaftlichen Abteilung einer Universität (Religious Department). Diese Unterscheidung ist sehr wichtig für mich. Eine »Divinity School« steht irgendwo zwischen Universität und Kirche. Letztlich kann man sie keiner von beiden voll zuordnen. Folglich ist sie aber auch zu großen Teilen den Erwartungen und Druckmitteln beider entzogen.

INTERVIEWER: Wollen Sie zum Ausdruck bringen, daß die »Divinity School« eine Art Grenzlinie bildet?

COX: Ganz richtig. Wie gut Sie das erkannt haben! Von Paul Tillich

1 Divinity School ist die Theologische Fakultät an der amerikanischen Universität.

habe ich weit mehr gelernt, als ich das hin und wieder zugegeben habe. Ich glaube, Kreativität erwächst oft aus Situationen, die in der Sprache der Soziologen »Randsituationen« heißen. Folglich setze ich mich stets solchen Situationen aus. Das ist – neben anderen – ein Grund, warum ich fast sieben Jahre lang in Roxbury gewohnt habe. Dieser Stadtteil von Boston sagte mir weit mehr zu als ein von Weißen dominierter Vorort. Damit hängt schließlich auch zusammen, warum mir im vergangenen Herbst der Lehrauftrag an der größtenteils jüdischen Brandeis-Universität solchen Spaß gemacht hat. Vielleicht geschah es auch aus diesem Grund, daß ich mir einen Lehrauftrag an der Abteilung für Erziehungswissenschaften der Harvard-Universität antragen ließ.

INTERVIEWER: Haben Sie sich bei diesen zahlreichen Verpflichtungen nicht etwas übernommen?

COX: Man könnte es durchaus so sehen. Nun habe ich aber in diesem Jahr zwei Freisemester. Im Herbst will ich den Vorlesungsbetrieb an der Divinity School wieder aufnehmen. Es soll auch wieder ein Kurs an der Abteilung für Erziehungswissenschaften dabei sein.

INTERVIEWER: Womit beschäftigt sich ein Mann wie Harvey Cox im Laufe eines Freisemesters?

COX: Ich verstehe Ihre Frage nicht ganz. Von einer Person mit einem solchen akademischen background sollte man erwarten, daß die Herleitung des Wortes »Freizeit« von dem hebräischen Wort »Sabbat« hinlänglich bekannt ist; wie sich herumgesprochen hat, ruhte am Sabbat die Arbeit, und zwar in jeder Hinsicht.

INTERVIEWER: Ist das Ihr Ernst?

COX: Na ja, sagen wir lieber »fast ganz«. Wenigstens habe ich in meinem ersten Freisemester nichts fertiggemacht, was in Kürze gedruckt erscheinen wird. Viel lieber habe ich die Zeit damit verbracht, zu lesen und meinen Gedanken nachzuhängen – ein Luxus, der Theologieprofessoren nur noch ganz selten gewährt wird. Das einzige, was aus der Reihe tanzte, war das wöchentlich einmal stattfindende Seminar an der Brandeis-Universität. An Tätigkeiten aus dieser Zeit sollte ich noch erwähnen, daß ich an einem Papier zum Thema »Die symbolische Bedeutung der Technologie« gesessen habe, wobei es mir darauf ankam ...

INTERVIEWER: ... Erzählen Sie mir ein wenig mehr darüber.

COX: Der Aufsatz ist nämlich noch nicht fertig. Das Thema halte ich für äußerst wichtig. Seit Jahren beschäftige ich mich ja nun schon mit der religiösen Bedeutung der Technologie. Meine Doktorarbeit entstand auf diesem Fachgebiet. Nun ist mir vor kurzem aufgefallen, daß die ganze Technologiediskussion fast ausschließlich um die moralische, soziale und ökologische Fragestellung kreist. Was uns noch fehlt, ist eine fundierte Analyse der *symbolischen* Bedeutung der Technologie, darüber, welchen Einfluß sie darauf nimmt, in welcher Weise wir unseren *Lebensraum* erkennen und ordnen; und schließlich fehlt uns der Nachweis, daß die technologischen Erscheinungsformen – nicht bloß die »Medien« Marshall McLuhans – Gefühle der Hoffnung, des Terrors und der Macht aus sich heraussetzen.

INTERVIEWER: Wie klappt es dabei mit den notwendigen wissenschaftlichen Vorarbeiten?

COX: Das ist eine gute Frage. In den einschlägigen Arbeiten zur Soziologie der Kultur beginnt das jeweilige Kapitel über Symbole gewöhnlich mit der Klage darüber, wie unterentwickelt die Wissenschaft von den Symbolen ist. Ich, für meinen Teil, versuche, mich dadurch aus der Affäre zu ziehen, daß ich in der Methodenlehre Anleihen bei Lloyd Warner, Kenneth Burke, dem Soziologen Hugh Duncan [2] sowie dem französischen Phänomenologen Paul Ricoeur mache. Daneben stütze ich mich auf die Pionierarbeit, die Emile Durkheim auf diesem Gebiet geleistet hat, wie übrigens seit neuerer Zeit auch Mircea Eliade.

INTERVIEWER: Was hat das aber nun alles mit Theologie zu tun?

COX: Vielleicht darf ich dazu das zitieren, was ich heute morgen in ei-

[2] Charakteristisch für diese Soziologen ist die konsequente Anwendung der empirischen Methode in den Sozialwissenschaften. Insbesondere hat Warner sich mit Schichtenmerkmalen und den jeweils besonderen sozialen Riten beschäftigt. In einer 1941 veröffentlichten Untersuchung hat er für die 17 000 Einwohner zählende Stadt »Yankee City« (US-Bundesstaat Massachusetts) festgestellt, daß symbolische Handlungen wie Geselligkeit und Konsum die gleiche Rolle spielen wie Reichtum und Macht.

nem Artikel von Gregory Baum[3] gelesen habe, der in der Zeitschrift »Ecumenist« abgedruckt war.

INTERVIEWER: Gegen die Zitierung aus dieser Zeitschrift ist nichts einzuwenden; etwas anderes wäre es bei Blättern wie »Christianity and Crisis« und »N.C.R.[4]« – Aber lassen wir das; Sie merken schon, daß es scherzhaft gemeint war.

COX: Baum schreibt: »Die Tatsache, daß es zu einer maßlosen Verarmung in der Theologie gekommen ist, hängt damit zusammen, daß der Schwerpunkt auf dem Dialog mit der Philosophie gelegen hat. Hingegen hat die Soziologie auf der Grundlage empirischer Studien der Wirklichkeit Kategorien entwickelt, die – mit oder ohne Abwandlung – für den Theologen von großer Bedeutung sind, wenn es darum geht, das Evangelium in Worte zu fassen.« Ich selbst arbeite nun schon seit geraumer Zeit nach dieser Methode, was dazu führte, daß viele Leute zu mir sagten: »Was Sie da tun, ist schon ganz in Ordnung. Nur, ist es noch Theologie?« Ich pflege ihnen zu antworten, daß es das *wohl* noch für mich ist, und ich glaube, mehr und mehr Theologen beginnen so zu denken.

INTERVIEWER: Haben Sie dabei einen bestimmten Theologen im Auge?

COX: Sehr anregend für mich war Langdon Gilkey[5] mit seinem Buch »Naming the Whirlwind«. Obwohl er sehr lange braucht, um zum entscheidenden Punkt vorzustoßen, hält das Buch einen wertvollen Beitrag bereit. Mit Recht, wie ich meine, stellt Gilkey fest, daß unsere

3 Gregory Baum ist ein führender katholischer Publizist.

4 Abkürzung für »National Catholic Reporter«, ein selbst unter nicht-kirchlichen Journalisten weithin geschätztes Blatt. Bis zu ihrer Einstellung hat die Zeitung in den USA ähnliche Funktionen erfüllt wie die katholische Wochenzeitung »Publik« in der Bundesrepublik.

5 Gilkey ist Professor für Systematische Theologie an der Universität von Chicago. Er hat sich als Analytiker der gegenwärtigen theologischen Situation einen Namen gemacht. In dem von Cox erwähnten Buch »Naming the Whirlwind«, erschienen 1969 bei Bobbs-Merrill in Indianapolis, unternimmt Gilkey den Versuch, den Ansatz der radikalen Theologie (»Gott-ist-tot-Theologie«) kritisch zu hinterfragen. Gilkey plädiert für die Erneuerung der Rede von Gott in der Industriegesellschaft.

menschliche Erfahrung stumpf und diffus bleibt, wenn keine Symbole mit im Spiel sind (Gilkey sagt dafür: Die Erfahrungen bleiben unthematisiert), andererseits Symbole, die nicht in menschlicher Erfahrung wurzeln, leer und trivial bleiben, an den Rand des Lebens gedrängt werden. Gilkey stützt sich dabei auf Ricoeur; was er im Auge hat, scheint mir eine sehr originelle Abwandlung der Tillichschen Korrelationsmethode zu sein. Das entspricht zu großen Stücken dem, was ich auch versuche. So bestehe ich denn darauf, daß die Theologen ihre Aufmerksamkeit nicht ausschließlich der »ekklesialen« Erscheinungsform von Religion zuwenden; wir begegnen nämlich heute religiösen Erscheinungsformen in so mannigfaltiger Weise gerade außerhalb der Kirche.

INTERVIEWER: Wird der Theologe damit nicht zu einem bloßen Kulturkritiker, der sich selbstverständlich auch theologisch auszudrücken vermag?

COX: Auf keinen Fall. Unter einem Theologen verstehe ich jemanden, der sich, ohne in Apologie zu verfallen, in *normativer*, das heißt grundsätzlicher Weise als Kritiker der Religion betätigt. Dabei spielt keine Rolle, ob das innerhalb oder außerhalb der Kirche geschieht. Das habe ich gemeint, wenn ich in dem erwähnten Aufsatz »Wie ich mir meine Meinung bilde« von der *prophetischen Funktion* der Theologie gesprochen habe.

INTERVIEWER: Haben Sie in jüngster Zeit noch andere bedeutende Bücher gelesen?

COX: Warum versuchen Sie, den Gegenstand zu wechseln?

INTERVIEWER: Oh, ich ...

COX: Ich habe in diesem Jahr eine ganze Reihe von guten Büchern gelesen; eines davon ist »Das Fest der Narren«, von dem ich ...

INTERVIEWER: Sie können mir glauben, eigentlich wollte ich die Sprache auf Bücher lenken, die von *anderen* Leuten geschrieben wurden. Wo wir aber jetzt schon einmal dabei sind, möchte ich Sie fragen, ob Sie mit dem, was Sie in dem erwähnten Buch geschrieben haben, zufrieden sind?

COX: Es hat mich einige Mühe gekostet! Was ich unter allen Umständen vermeiden wollte, war ein neues Buch zum Thema »Der Sohn der Stadt ohne Gott«. Sie können sich vorstellen, welch eine Verlockung es für mich war, am Ball zu bleiben, denn ich hatte ja mit dem Buch wirklich ins Schwarze getroffen. Ich habe immerhin fünf Jahre gebraucht, bis ich mir selbst gegenüber einzugestehen bereit war, daß mein nächstes Buch wohl kaum die Auflagenhöhe von 600 000 Exemplaren erreichen wird und nicht in 11 Sprachen, das Katalanische eingeschlossen, erscheint.

INTERVIEWER: Nun schneiden Sie aber doch ziemlich auf.

COX: Ich möchte gern den Menschen sehen, der nicht daran interessiert ist, wie gut sein Buch geht. Andernfalls möchte ich ihn entweder einen Lügner oder Heiligen nennen. Ich für meinen Teil möchte keines von beiden sein. Das »Fest der Narren« ist so etwas wie eine normative Theologie der Kultur. Diese Theologie kritisiert den katastrophalen Rückgang von Festlichkeit und Phantasie auf einer Zivilisationsstufe, die Produktion, Wirtschaftswachstum, Wettbewerb und instrumental abgeleitete Werte obenan stellt. Schließlich wird im »Fest der Narren« noch der Anteil »katholischen« Denkens in meinem eigenen Denksystem offenkundig. Diese Anstöße verdanke ich Corita Kent[6], einem Sommeraufenthalt in Mexiko, bei dem ich den volkstümlichen Katholizismus näher studierte, Johann Huizinga, der Arbeit im Esalen Institut[7], Ivan Illich[8] sowie der Forschung über das religiöse Verhalten Primitiver. Heute bin ich froh darüber, daß ich schließlich doch noch

6 Die ehemalige Nonne Corita vom Immaculate Heart College in Los Angeles hatte seinerzeit unter beträchtlichem Aufsehen ihren Orden verlassen und geheiratet. Ihre Plakat- und Posterentwürfe sind weltbekannt und haben die amerikanische Protestbewegung, vor allem gegen den Vietnamkrieg, mit politspielerischen Ausdrucksformen bereichert.

7 Das Esalen Institut in Big Sur, Kalifornien, gehört zu den bahnbrechenden Therapiezentren in Amerika, vor allem der »Gestalttherapie«.

8 Ivan Illich leitet heute das von ihm gegründete Center for Intercultural Documentation (Zentrum für interkulturelle Dokumentation) in Guernavaca, Mexiko. Illich war bis zu seinem – auf kirchlichen Druck hin – erfolgten »freiwilligen« Abschied vom katholischen Priesterstand Vizepräsident der Katholischen Universität in Puerto Rico.

dazu kam, dieses Buch zu schreiben, nachdem ich drei oder vier Jahre lang Ansätze dazu immer wieder vernichtet habe. Ich kann sagen, daß ich jetzt vom Bestseller-Komplex befreit bin.

Ich möchte aber noch auf einen weiteren Punkt verweisen, der mir sehr wichtig ist. Als ich das Buch »Stadt ohne Gott?« schrieb, war ich am Ende einer Entwicklungsphase angelangt. Das »Fest der Narren« signalisiert den Beginn einer neuen Phase. Mit diesem Thema ist ein Arbeitsbereich abgesteckt, mit dem ich wohl längere Zeit hindurch befaßt sein werde.

INTERVIEWER: Ich möchte noch einmal auf das Stichwort Symbol und das auffallende Interesse, das Sie dem Faktor Religion entgegenbringen, zurückkommen. Wie denken Sie heute über Bonhoeffers Konzept der »nicht-religiösen Interpretation«, von dem Sie in früheren Jahren des Lobes voll waren? Hat sich das inzwischen erübrigt?

COX: Ach i wo. Lieber ließe ich mir den Arm auskugeln. Lassen Sie mich versuchen, ob es mir gelingt, mein Konzept logisch einleuchtend genug nachzuzeichnen. Ich bin ja davon ausgegangen, daß in einem urbanen, pluralistischen Gesellschaftsgefüge das Christentum in die Säkularisation einmündet. Damit habe ich die Tatsache im Auge, daß uns der Glaube in seinem vorläufigen und historisch bedingten Charakter zu Gesicht kommt. Daneben steht unsere Suche nach Gott, die auf Transzendenz hin ausgerichtet ist, eine Transzendenz, die nur in dieser Welt, aber in keiner anderen erfahrbar ist. Alles zusammen genommen macht die Krise der Religion aus. Wir können nicht einfach jenes »Glaubensleben« entfalten, wie das unsere Vorfahren taten. Infolgedessen probieren wir andere Dinge aus. So kommt es, daß wir Symbole mit weit abseits liegenden Mitteln retten wollen, zum Beispiel in kirchlichen Museen. Oder wir beschneiden und trimmen sie, wie das die »Gott-ist-tot«-Theologen taten. Oder noch anders: Wir versuchen, ganz ohne Symbole zu leben. Die zuletzt genannte Möglichkeit hat einer meiner Freunde neulich die »Zen-Quäker«-Lösung genannt. Für mich hat es den Charakter eines Sparprogramms im Symbolhaushalt. Puritanisch ist das Ganze, zu antiseptisch für mich, viel zu antiseptisch.

INTERVIEWER: Sie halten hier ein. Offensichtlich haben Sie Ihre eigene Antwort.

COX: Sie haben wieder einmal den richtigen Spürsinn entwickelt; allerdings nicht ganz so treffend wie vorher. Was mich betrifft, liegt mein Interesse – um es einmal gebildet auszudrücken – in der »spielerischen Aneignung der Symbole«.

INTERVIEWER: Mit der Bezeichnung »spielerisch« wollen Sie an die lateinische Wurzel »ludens« anknüpfen.

COX: In der Tat. Aber so aufgeweckt brauchen Sie sich nun auch wieder nicht zu geben. Unsere gegenwärtige religiöse Krise hat zwei Ursachen. Die erste liegt in der Verwendung bedeutsamer religiöser Symbole, in der Absicht, Herrschaftsstrukturen und Privilegien zu sanktionieren. Darin hat Marx völlig recht. Und die zweite Ursache: Wir waren in der Vergangenheit derart von den uns zur Verfügung stehenden Symbolen eingenommen, daß uns jetzt Zweifel darüber kommen, ob sie jemals wieder eine religiöse Funktion erfüllen können. Mein eigener Lösungsvorschlag ist radikal und *spiel*orientiert zugleich: Lassen Sie uns doch das reiche Vermächtnis religiöser Symbole selbstbewußt und spielerisch zum Tragen bringen. Wenn ich hier von »spielerisch« rede, meine ich die Beobachtung, daß alles, was wir tun, den Anstrich einer gewissen Zufälligkeit hat – genauso wie die Regeln jedes Spiels von Zufälligkeit bestimmt sind. Trotzdem machen wir mit und bewaffnen uns mit Symbolen, wenn es um die Befreiung des Menschen geht.

INTERVIEWER: Aber das soll doch wohl nicht heißen, daß Religion nur noch Spiel ist!

COX: Warum eigentlich nicht? Religion nahm ihren Ausgangspunkt im gleichen Schmelztiegel mit Theater, Tanz, Mimik und Wettkampf. Der einzige Grund, warum wir mit Entrüstung reagieren, wenn Theologie als Spiel bezeichnet wird, liegt doch darin, daß wir in unserer Kultur dem Spiel so wenig Raum eingeräumt haben. An diesem Punkt sind wir sehr provinziell. Schließlich – und das ist ein wichtiger Grund – ...

INTERVIEWER: Ich höre Ihnen wirklich zu!

COX: Wenn wir Ernst damit machen, die Spiel-Dimension unserer Symbole anzuerkennen, dann sind wir auch davor gefeit, sie zu vergöttern. Wir lernen dann, daß ein Symbol niemals an sich schon die letztgültige Wirklichkeit sein kann. Leuchtet Ihnen das ein?

INTERVIEWER: An sich schon, nur fällt es mir etwas schwer, Ihnen überall zu folgen.

COX: Na, mein Lieber, wer außer Ihnen sollte das dann überhaupt können!

INTERVIEWER: Wollen Sie uns denn wirklich Mut dazu machen, religiöse Symbole in jeder nur herkömmlichen Weise zu benutzen? Ist das nicht Opportunismus in Reinkultur! Mit dieser Ansicht setzen Sie die Leute zwar nicht gerade unter Drogeneinfluß, führen sie jedoch hinters Licht.

COX: In gar keiner Weise! Im *spielerischen* Gebrauch von Symbolen weisen wir darauf hin, daß sie nicht in ihrer vorlogischen Bedeutung angewandt werden dürfen. Indem wir sie benutzen, geben wir allerdings auch zu, daß sie auf etwas sehr Bedeutsames für unser Leben hinweisen, auf etwas, das sich dem nicht-symbolischen Zugang zur Wirklichkeit entzieht. Symbole sind schließlich nicht bloß Etiketten; in gleicher Weise fungieren sie auch als durchsichtige Linsen: Sie *benennen* nicht nur Dinge, sondern erschließen auch Erfahrungsebenen, die uns sonst fehlen würden. Diese *»spielerisch«*-radikale Wiederaneignung religiöser Symbole ist heute überall im Schwange. In den Kirchen unserer schwarzen Mitbürger finden Symbole große Berücksichtigung, z. B. im »Schrein der Schwarzen Madonna«. Ich könnte noch weitere Beispiele nennen. Oder denken Sie an den Marsch der Chicanos[9] von Delano nach Sacramento, wo die Statue »Unserer Dame von Guadalupe« mitgeführt wurde.

INTERVIEWER: Gehört dazu auch das, was Sie selbst einmal vorgeführt haben: der Auftritt in byzantinischen Gewändern unter Begleitung der Leute vom »Emmaus-Haus«[10] mit ihren Ikonen? Das war doch als Exor-

9 Die Chicanos sind neben den Schwarzen und Indianern die dritte große ethnische Minderheitengruppe in den USA. Der Chicano ist eine Mischung aus dem weißen Nordamerikaner und dem spanisch-mexikanischen Bevölkerungsteil. In Los Angeles z. B. gehören die Chicanos zu den politisch aktivsten Gruppen.

10 Das »Emmaus House« in New York versteht sich als ökumenisches Zentrum in einem verslumten Teil der Stadt. Es dient als Kontaktstelle für Leute mit

zismus gedacht, bei dem die Dämonen aus dem Gerichtsgebäude, in dem die »Neun von Washington«[11] vorgeführt wurden, ausgetrieben werden sollten.

Cox: So ist es. Und ich kann von mir aus noch hinzufügen, daß das »byzantinische Osterfest«, dessen Feier einige von uns für den 26. April geplant haben, in die gleiche Richtung geht.

INTERVIEWER: Dazu sollten Sie unbedingt noch etwas sagen.

Cox: Das will ich gern tun. Uns schwebt vor, die Osterbotschaft zu »entmarginalisieren«, das heißt, wir verlegen die Feier in eine ausgesprochen säkulare Umgebung (eine Diskothek und Straßen in Boston). Dabei ist daran gedacht, die Ostersymbole gezielt mit denjenigen Imageträgern zu konfrontieren, denen wir heute ausgesetzt sind. Wir verwenden viel Licht, Musik, Tanz und Teile des klassischen Osterrituals, gefolgt von einer Prozession ausgelassener Leute durch die Stadt. Sie sind übrigens herzlich eingeladen.

INTERVIEWER: Ich möchte noch einmal auf das zurücklenken, wonach Sie wohl schon oft gefragt wurden: Was hat der Theologe bei diesem ganzen Geschäft zu suchen?

Cox: Die Theologen mußten lange Zeit auf so etwas Ähnliches wie ein wissenschaftliches Labor verzichten. Jetzt, da wir uns diese Einrichtung geschaffen haben, wird es mir und den anderen möglich, einige unserer Begriffe zu testen und unsere Vorstellungen darüber zu präzisieren, wie die Kluft zwischen lautloser Erfahrung und leeren Symbolen zur gegenseitigen Befruchtung beider überbrückt werden kann.

INTERVIEWER: Aber wird dieses ganze Unternehmen auch irgendeine politische Ausrichtung bekommen?

Problemen aller Art. Neben kommunikativen und beratenden Funktionen steht das »Emmaus House« für Experimente mit Spiel, Feier und Ritual offen. Harvey Cox und Daniel Berrigan sind ständige Gäste bei Wochenendveranstaltungen.

11 Cox bezieht sich auf die Anklage, die gegen neun Personen im Zusammenhang mit der Verletzung der Bannmeile bei Vietnamdemonstrationen in Washington erhoben wurde.

Cox: Selbstverständlich. Aber verlangen Sie jetzt nicht von mir, daß ich Ihnen die geheime Strategie verrate.

Interviewer: Na schön. Inzwischen ist unsere Zeit auch abgelaufen. Möchten Sie sonst noch etwas hinzufügen, was der Rede wert ist?

Cox: Eigentlich schon. *Unter welchen Umständen* habe ich denn nun letztlich eine Wende im Denken vollzogen? Nun, schuld daran war, daß ich mich aus freien Stücken Situationen ausgesetzt habe, die selbst meine liebsten Denkvoraussetzungen in Frage gestellt haben, Situationen, die mich dazu gezwungen haben, mit Gefühlen und Vorstellungen umzugehen, die mich vorher nur verängstigt und verwirrt haben. Wir leben in einer großartigen Zeit, in der es sich für einen Theologen lohnt, zu leben! Ich pflege meinen Freunden zu sagen, daß ich den besten Job auf der ganzen Welt habe. Die Theologie ist gegenwärtig dazu in der Lage, einen Fundus von Leitvorstellungen und Hoffnungen in die weltweite Auseinandersetzung um die Befreiung des Menschen einzubringen. Ohne diese Werte müßte die Menschheit ihre Kontroversen um einen geringeren Preis beilegen, als sie das tatsächlich verdient.

Die Theologie hat es in der Hand, eine Gesellschaft, die in eitlen Zielvorstellungen und hohlen Werten dumpf dahinbrütet, zum Erwachen zu bringen. Sie kann dazu beitragen, daß wir uns selbst besser verstehen lernen und unser Einfallsreichtum bis zum Leidenschaftlichen hin gesteigert wird. Diese Funktion wird die Theologie jedoch nur dann übernehmen können, wenn wir Theologen uns ganz bewußt Situationen *aussetzen,* wo wir auch wirklich vom Geist, der weht, wo er will, erreicht – und hoffentlich verändert – werden *können* – ist das nicht ein klassischer Predigtabschluß eines guten alten Baptisten?

Interviewer: Nur weiter so; und für einen verschrobenen Kirchenjournalisten doch auch ganz gut, oder?

Cox: Ich muß sagen, Sie haben viel dazu gelernt.

Übersetzt von Rüdiger Reitz

III. Kirche, Religion und Freiheit

Die Subkultur mit ihren verrückten Erscheinungsformen hat Cox stark beschäftigt. Er interessierte sich für die verborgene »religiöse« Aussagekraft subkultureller Symbole und Handlungen. Zu Beginn der 70er Jahre war er wohl wie kein anderer amerikanischer Theologe durch seine vorausgegangenen Bücher dazu befähigt, außerkirchliche »Religiosität« auf ihre Authentizität hin zu befragen.

Cox reiste im September 1970 durch Europa. Nach der Brüsseler Konferenz »Die Zukunft der Kirche« hielt er beim V. Salzburger Humanismusgespräch ein vielbeachtetes Referat, das in diesem Band unter dem Titel »Die Religion: Von der Knechtschaft zur Befreiung« abgedruckt ist.

Während einer Konferenzpause gab Cox dem holländischen Fernsehen IKOR (Interviewer waren Wim Koole und Pieter Verhoeff) ein Interview. Es fand in einem Augenblick statt, wo sich die Jugendbewegung gerade erst in Europa zu formieren begann. Hier ist der vollständige Wortlaut:

Ein Interview mit Wim Koole und Pieter Verhoeff

FRAGE: Manche Ihrer zahlreichen Anhänger und Verehrer sind erstaunt über die Wandlung, die Sie seit dem Erscheinen Ihres Buches »Stadt ohne Gott?«[1] erkennen lassen – eine Wandlung gleichsam von der Weltlichkeit zu einer neuen Mystik. Wie empfinden Sie selbst diese Wandlung?

COX: Ich mußte die Tatsache zu verstehen suchen, daß selbst in der »Stadt ohne Gott?« offenbar etwas wie eine mystische Wiedergeburt,

1 Stuttgart 1966 (Originalausgabe: The Secular City, New York 1965).

eine geistliche Wiedergeburt, am Werke ist – ganz außerhalb der Kirchen, aber nichtsdestoweniger eine Bewegung des Geistes oder eine Bewegung religiösen Fühlens, die hier tatsächlich vorhanden ist. Neue Rituale, neue Arten kultischen Verhaltens treten auf, und ich bin als Theologe an ihnen interessiert, weil es nach meiner Meinung immer das Problem der Theologen war, daß sie allzusehr und ausschließlich an der kirchlichen Religiosität, an der Kirchenreligion hängen blieben. Ich glaube nicht, daß man eine solche Art Wiedergeburt einfach dadurch in Gang setzen kann, daß man ein Buch schreibt. Doch mein Buch ist ein Versuch, diese Wiedergeburt zu verstehen. Und etwas ist bereits im Gange.

FRAGE: Meinen Sie, daß moderne Theologen eine Chance haben, innerhalb des Raumes der Kirche zu bleiben? Sie waren zum Beispiel auf einer Konferenz in Brüssel[2] und haben sich dort sehr optimistisch dazu geäußert. Haben Sie nicht das Gefühl, ein Außenseiter zu sein, der sich den größtenteils konservativen Standpunkten der institutionellen Kirche gegenübersieht?

COX: Ich glaube schon, der beste Platz für einen Theologen ist am Rande der Kirche, weil die am meisten schöpferischen Dinge ganz offenbar in den Grenzbezirken geschehen. Die Brüsseler Konferenz war in der Hauptsache eine Konferenz katholischer Theologen, denen es noch sehr, sehr stark darum geht, die Freiheit des Theologen und der Kirche durchzufechten. Und für katholische Christen ist das, meine ich, heute noch ein sehr wichtiges Thema. Für mich aber lautet die große Frage: Du hast nun deine Freiheit – was sagst du nun, was tust du nun, was schreibst du nun? Das ist eine wesentlichere, realistischere Frage. So betraf mich im Grunde die Problemstellung der Brüsseler Konferenz nicht so sehr wie die übrigen Theologen.

FRAGE: Wenn Sie nun über all das Neue bei den jungen Leuten, über die Hippies usw. usw. schreiben und darin neue religiöse Werte und Gehalte sehen – ist das nicht eine Art Flirt mit diesen Dingen? Ebenso wie wir vor einigen Jahrzehnten in den Kirchen Jazz, besondere Jugendgottesdienste und all das Neue, was es damals gab, vorgesetzt be-

[2] Die Zukunft der Kirche, 12.–17. September 1970.

kamen. Letztlich steht dahinter eine Art neuer Herrschaftsansprüche der Kirche und die Auffassung: Auch das gehört zur Religion, und weil Sie Theologe sind, sehen Sie darin religiöse Gehalte.

COX: Hier liegt, glaube ich, tatsächlich die Gefahr eines neuen kirchlichen Herrschaftsanspruches, einer Tendenz, nach all diesen neuen Bewegungen zu greifen und sie in einer Weise zu beschlagnahmen, die für sie einen großen Schaden brächte. Das möchte ich keineswegs. Und doch bin ich der Auffassung, daß es lächerlich ist anzunehmen, was an religiös Bedeutsamem geschieht, geschehe nur innerhalb der Kirchen. Ich meine, dies ist niemals der Fall gewesen, und – historisch gesehen – ist es heutzutage ganz gewiß nicht so. Wenn Sie einmal das 13. Jahrhundert nehmen: Als einige der ersten Reformbewegungen begannen, wurden diese Bewegungen vom Standpunkt der Kirche aus als peripher oder selbst als häretische Bewegungen angesehen und im allgemeinen als häretisch verurteilt.

Ich meine daher, die Aufgabe des Theologen besteht heute darin, sich einen weiteren Gesichtskreis zu schaffen, der alles mit umfaßt, was aus einer theologischen Perspektive verstanden und bewertet werden kann. Aber all diese Dinge kontrollieren, manipulieren oder für die Zwecke der Kirche und der etablierten Religion gebrauchen – das möchte ich gewiß nicht.

FRAGE: Aber nehmen Sie all diese Dinge nicht viel zu ernst? Ich meine etwa in Amerika, aber auch in Amsterdam, all diese Dinge um *Hara Krishna,* die für ein paar Jahre von sich reden machen, um dann mehr oder weniger spurlos zu verschwinden?

COX: Natürlich darf man diesen Dingen kein falsches Gewicht beilegen. Aber wenn dieses oder jenes aufgetreten und wieder untergegangen ist, so besagt das keineswegs, daß es bedeutungslos wäre. Nehmen Sie zum Beispiel nur die Hara-Krishna-Bewegung, die in den Vereinigten Staaten weit verbreitet ist: jeden Tag komme ich in Cambridge auf meinem Weg an einer Gruppe Hara-Krishna-Tänzer vorbei. Man muß sich also fragen: Was geht da wirklich vor sich; was sind das für Strömungen, für geistige Strömungen, die sich in diesen verschiedenen Bewegungen Ausdruck schaffen. Wie können die guten Elemente darin gestärkt und genährt und die gefährlichen – denn ich denke, solche gefährlichen Elemente gibt es darin auch – richtig kritisiert werden? Der Beruf eines Theologen ist nach meiner Meinung wirklich ein Beruf zur Kritik, zum Verstehen und Kritisieren. Doch darin stimme ich mit Ihnen überein: Es ist falsch, diesen Bewegungen mit einem tierischen, finsteren Ernst gegenüberzutreten. Auch in der Haltung des Theologen muß eine Art Sinn für Humor vorhanden sein. Und ich habe versucht, in meinem neuen Buch »Das Fest der Narren«[3] verständlich zu machen, daß, wenngleich nicht im Forschungsgegenstand selbst, so doch in der Art und Weise, in der der Theologe arbeitet, eine Note überlegener Heiterkeit liegen muß. Weshalb auch nicht?

FRAGE: »Freiheit« ist eins Ihrer augenblicklichen Schlüsselworte. Heute morgen erklärte ein deutscher Theologe[4], Freiheit bedeute für den Christen, ein guter Diener nach Gottes Willen sein. Glauben Sie nicht, daß dies ein Aspekt ist? Viele Christen glauben das noch, und es fehlt ein wenig in Ihrer Sicht der Freiheit als eine Art Kriterium wahren und wirklichen Glaubens.

COX: Ja, ich glaube schon, wir brauchen eine Art von kritischem Prinzip zur Bewertung und Prüfung religiöser Bewegungen. Ich behaupte nicht, daß es sich dabei um ein Prinzip von ewiger Gültigkeit handelt. Ich meine nur, daß für uns heute der biblische Glaube seinen Ausdruck findet in dem Kampf der Menschen um ihre Freiheit, um die Übernahme der Verantwortung für sich selbst und die volle Ausschöpfung ihrer Leistungsfähigkeit. Freiheit ist ein recht doppeldeutiger Begriff, und es sind viele schlimme Dinge im Namen der Freiheit geschehen. Darüber bin ich mir völlig klar. Aber ich meine, daß, wie ich in meinem Referat ausgeführt habe[5], die beiden zentralen Themen jüdischer oder christlicher Religion Exodus und Ostern sind. Ostern und Reich Gottes bedeuten Befreiung von politischer, sozialer und wirtschaftlicher Knechtschaft sowie die volle Befreiung des Menschen zu all seinen Möglichkeiten ohne jede Einschränkung.

3 Stuttgart 1970 (Originalausgabe: The Feast of Fools, Cambridge/Mass. 1969).
4 Während des V. Salzburger Humanismusgesprächs, am 24. 9. 1970.
5 Das in deutscher Sprache gehaltene Referat von H. Cox hieß: Zwischen Knechtschaft und Befreiung.

Das nimmt natürlich immer diese oder jene Art von politischem und sozialem Ausdruck an. Es gibt in der ganzen Geschichte nicht eine rein religiöse Bewegung; daher muß der Theologe fähig sein, die religiösen Dimensionen von Bewegungen, die zugleich politisch oder wirtschaftlich sind, zu begreifen und mit ihnen zu arbeiten.

Ich meine weiter – zumindest ist es mir völlig einsichtig –, daß wir uns heute wirklich in einem Stadium der Geschichte befinden, in dem wir die Revolution des 19. Jahrhunderts vollenden. Die Revolution der Gerechtigkeit und der gerechten Verteilung der Güter der Erde, die dritte Weltrevolution. – Dabei leben wir mitten in der Revolution des 20. Jahrhunderts, einer Art kultureller Revolution, die das nächste Stadium der menschlichen Bewußtseinsentwicklung darstellt, in dem der Mensch wirklich Verantwortung für sein eigenes Leben und die Findung seiner eigenen Individualität übernimmt. Und hier kann nach meiner Meinung die Religion einen Beitrag leisten, oder sie kann diesen Vorgang verlangsamen und verhindern. Meine Hoffnung ist, daß es Theologen gibt, die zu kritischen Urteilen darüber gelangen können, wie die Religion gegenwärtig ihre Funktion in dieser Hinsicht erfüllt. Das heißt, ob sie befreit oder in Fesseln schlägt.

FRAGE: Aber diese Gruppen von jungen Leuten – geben sie einen Beitrag zur Freiheit oder stellen sie nur ein Ausbrechen dar?

COX: Die Antwort wird immer zugleich »ja« und »nein« lauten. Es gibt dabei sehr positive Aspekte, die auch einen positiven Beitrag leisten, und es gibt andere Aspekte, die negativ sind. Das gilt sowohl für die Flower-child-Bewegung wie für die neue Linke, für Hara Krishna und all diese Bewegungen. Man kann nicht sagen: Dies ist eine gute und das eine schlechte. Die Urteile über sie müssen stärker differenziert und nuanciert werden. Und zugleich damit muß man sich klar darüber sein, daß man sie nicht in die ekklesiale Gewalt der Kirche hineinnehmen kann. Das vor allem möchte ich unbedingt vermeiden. Es besteht eine Gefahr, daß die Kirche sich diese Bewegungen ganz einfach aneignet, und das möchte ich nicht erleben.

FRAGE: Aber Sie sehen in diesen neuen religiösen Bewegungen keinen Regressionsvorgang?

COX: Nun, ich habe schon in meinen Ausführungen erklärt, daß nach meiner Auffassung Regression nicht immer etwas absolut Schlechtes ist. Ich meine sogar, wir brauchen Regressionsbewegungen, sowohl im Leben des Einzelnen wie im Leben der Gesellschaft. Seit Freud hat der ganze Begriff der Regression eine negative Note bekommen. Man erwartet heutzutage beim Menschen eben keine Regression. Aber das dürfte nach meiner Meinung ein Irrtum sein. Mystik ist eine Form von Regression, kultische Verhaltensformen sind eine Art Regression. Und es gibt ungezählt viele Arten von Regression. Das bedeutet keineswegs ein Steckenbleiben in einem überholten Stadium, sondern bildet vielmehr eine Erholungsphase für erneutes Voranschreiten. Heute besteht jedoch die sehr reale Gefahr, daß wir in einer Gesellschaft, die etwa gleich der in den Vereinigten Staaten vollkommen auf Produktion, Leistung und rationale Beherrschung aller Bereiche eingestellt ist, keinen genügenden Raum für Regressionen haben. Das ist auch einer der Gründe für die Aktualität des Drogen-Problems bei uns; und tatsächlich ist augenblicklich in den Vereinigten Staaten der Heroingenuß geradezu eine Seuche geworden.

Dabei halte ich es aber auch für einen schlimmen Irrtum, Heroin mit Marihuana auf eine Stufe zu stellen. Das sind nach meiner Meinung zwei sehr verschiedene Dinge.

Aber alle prophylaktischen Aufklärungsprogramme über die Volksgesundheit, die den Heroingebrauch bekämpfen sollen, sind lächerlich, weil die Menschen darin die Befriedigung einer Art metaphysischen Dranges suchen, dem die herrschende Kultur nicht genügend Aufmerksamkeit widmet.

FRAGE: Gestern abend, als wir über Ihren Optimismus dieser Subkultur gegenüber sprachen, fragten wir uns, was Sie zum Beispiel über den Tod von Jimmy Hendrix denken würden, das heißt über die Leute, die in dieser Subkultur eine so große Rolle spielen und die derart pessimistisch sind, daß auch der Suizid in ihr vorkommt.

COX: Ja, es gibt im Ganzen der neuen kulturellen Bewegung der Jugend eine Seite, die wir nicht übersehen können: jene schreckliche, apokalyptische Todesseite, die für mich so ungemein schmerzlich ist. Und hier hat, so meine ich, christliche Theologie einen Beitrag zu leisten, der in einer Bejahung des Lebens, einem freudigen Bewußtmachen der

Möglichkeiten des Menschen und seiner kreatürlichen Bestimmung besteht. Aber ich muß zugeben: Ich bin über solche Erscheinung äußerst betroffen. Nehmen sie zum Beispiel den Film »Woodstock« mit seiner ganzen wunderbaren Freude, jenem schwingenden und ansprechenden Stoff usw. – darin gibt es, Sie werden sich erinnern, eine Stelle, an der die Sänger aufbrechen und ein Lied singen mit dem Text: »Ain't no time to wonder why, whopee we're all goin to die (Es bleibt keine Zeit, zu fragen ›warum?‹ ... Wir alle gehen den Weg zum Tod).« Und Tausende kommen und singen das. Es ist eine Art *Liebestod*-Motiv, ein schrecklicher Fatalismus, der in diese Bewegung eingebrochen ist und außerordentlich destruktiv wirken kann. Wenn ich dies kritisch betrachte, wie ich es ja tue, muß ich feststellen, daß dasselbe für »Hair« gilt. »Hair« schließt mit einer schrecklichen tragischen, fatalistischen Note, wenn Burger sein Haar schneiden und Soldat werden muß und in diesem Zustand auf der Bühne liegt. Das ist alles andere als ein freudiger, positiver Abschluß.

So lautet meine ganze Frage letztlich: Wie können die Symbole des Lebens und der Kraft, der Freude und der festlichen Erhebung, die in der christlichen Tradition vorhanden sind, in einer Weise in diese Bewegung hineingebracht werden, daß sie sie von dieser Art Todesbesessenheit retten? Wie können sie überhaupt herangebracht werden? Denn gegenwärtig sind all diese Symbole von den institutionellen Kirchen beschlagnahmt und geprägt.

FRAGE: Ich sah Sie in einem Filmbericht in Genf beim Ökumenischen Rat als Leiter eines Gottesdienstes[6], in dem die verschiedensten Arten von Symbolen gemischt waren. Als ich das sah, erwachte in mir spontan ein innerer Widerwille mehr oder weniger allen diesen Symbolen gegenüber. Und er zeigt die Tendenz, sich auf den gesamten Bereich auszudehnen.

COX: Ich muß erklären, daß ich für diesen Gottesdienst nicht die volle Verantwortung auf mich nehmen kann. Ich weiß nicht, was das Fernsehen davon gebracht hat. Aber Sie als Fernsehreporter wissen, daß manche Dinge gebracht und gezeigt werden, die nicht unbedingt die

6 Agape mit Gegenständen aus dem täglichen Leben am 4. 7. 1970.

Sache treffen. Ich habe an diesem Gottesdienst teilgenommen, und ich hatte dasselbe Gefühl dieser seltsamen Mischung und den darin enthaltenen Elementen gegenüber. Unsere Absicht war, sichtbar zu machen, daß technisches Gerät zum Guten oder zum Bösen verwendet werden kann, und wir hatten die Leute aufgefordert, solches Gerät mitzubringen und es auf den Altar zu legen. Daneben aber hatten wir eine Menge traditioneller Elemente in dem Gottesdienst. So kann es nicht gerade besonders gut gewirkt haben, ja es kann als Versuch ein Fehlschlag gewesen sein; aber wenn man im liturgischen Bereich experimentiert, muß man mit Fehlschlägen rechnen. Manche Dinge schlagen dabei fehl, andere wirken: Wir müssen alles versuchen, und wir hatten auch, meine ich, einige sehr erfolgreiche Versuche.

FRAGE: Wenn wir von Hoffnung für die Zukunft sprechen, stellen wir fest, daß wir die Voraussetzungen dafür mehr bei Menschen finden, die innerhalb der Gesellschaft stark sozial und politisch engagiert sind, als bei den religiös ausgerichteten Jugendgruppen, die eher wie eine Flucht vor der Wirklichkeit wirken. Ich erinnere mich in diesem Zusammenhang an das Wort eines Mitgliedes der Black Panthers: »Wenn du eine neue Gesellschaft schaffen willst, dann darfst du nicht trinken, keine Drogen nehmen, sondern mußt mit beiden Beinen auf dem Boden der Wirklichkeit bleiben.«

COX: Sehen Sie – die Black Panthers können das sagen, weil in der schwarzen Subkultur eine Art freudiger Bejahung, ja ein gewisses dionysisches Element liegt. Sie allein haben dieses Element. Jeder, der einmal in einer Negerkirche gewesen ist oder in einer Negergemeinschaft gelebt hat, weiß das, so stark haben sie es jetzt schon. Und sie können sich der Zukunft weihen, sie können hart und zäh sein und mehr oder weniger total politisch ausgerichtet, denn wenn sie sich selbst treu bleiben, haben sie die kulturelle Substanz des Feierns. Aber der Durchschnittsvertreter der weißen Mittelklasse in Amerika hat diese Substanz niemals gekannt. Er ist aufgewachsen in einer leistungsorientierten, rationalisierten, nicht-»zelebrativen« Kultur.

Ich lehne vollkommen den Gedanken ab, daß der Mensch entweder revolutionär sein oder das Leben »zelebrieren« kann. Gerade dazu sage ich »nein«. Nach meiner Meinung kann der Mensch zugleich freudig begehen, was gut und erfreuend ist in der Gegenwart, und doch für eine bessere Zukunft arbeiten. Wenn man das nicht kann, muß man die Welt in Revolutionäre und solche einteilen, die das Leben freudig bejahen. Und gerade diese Einteilung lehne ich ab; ich möchte nicht darin leben.

FRAGE: Aber diesen Hauch des Todes empfinden Sie auch?

COX: Einen derart seltsamen Hauch des Todes gibt es auch bei den Black Panthers. Diese Form von Mystik, diese Art Märtyrertum tut mir sehr weh. Nun haben ja auch das FBI und die Polizeibehörde von Los Angeles das Ihre dazu getan. Nein, für die Black Panthers ist Tod nicht allein ein Thema, sondern eine Realität. Aber als Theologe muß man sich die Frage stellen: Welches sind die beherrschenden Symbole, welches die mächtigen Mythen, welches die Motive mit religiösen Obertönen, so daß man sie verstehen und sich ein Urteil über sie bilden kann? Die beste Art einer Bewegung wie den Panthers oder den Flower children zu helfen, besteht nicht darin, daß man sagt: Ach, wie wunderbar! – oder: Da ist ein Haufen dreckiger Hippies –, sondern darin, daß man versucht, das Ganze kritisch und mit der Bereitschaft zum Helfen zu verstehen. Das ist natürlich bedeutend schwieriger.

FRAGE: Wie reagiert das amerikanische Kirchenvolk auf Ihre Art, die Dinge zu sehen?

COX: In sehr verschiedener Weise. Die Kirche ist in Amerika ebenso in zueinander in Gegensatz stehende Gruppen geteilt wie die Gesellschaft, ja in mancher Hinsicht noch mehr als diese. Wir haben alles, von Billy Graham bis Dan Berrigan[7], die beide Leute der Kirche sind. Ja, die beiden prominentesten Männer der Kirche sind heute überhaupt Dan Berrigan, der in Connecticut im Gefängnis sitzt, weil er Gestellungsbefehle verbrannt hat, und Billy Graham, der im Weißen Haus predigt. Dementsprechend ist der Anklang, den meine Auffassungen bei den Männern der amerikanischen Kirchen finden, äußerst unterschiedlich. Ich möchte annehmen, daß die Einsichtigsten und Feinfühligsten

7 Dan Berrigan ist inzwischen entlassen worden; Billy Graham predigt nach wie vor.

diejenigen sind, die zu schätzen wissen, was ich tue, doch nehme ich an, die Zeit wird darüber Aufschluß geben.

FRAGE: Weil die Kirche eine Institution mit einer so großen Spannweite ist, können Sie in ihr Ihren Standort einnehmen. Haben Sie niemals den Eindruck, als müßten Sie, wenn Sie konsequent sein wollen, die Kirche verlassen?

COX: Nein, das meine ich nicht. Ich meine, die ganze Frage, ob man die Kirche verlassen soll, weil man mit diesem oder jenem nicht einverstanden ist, gehört der Vergangenheit an. Das gilt für alle Kirchen. Und es gilt besonders für die Kirche, der ich angehöre, die baptistische Kirche, die sehr vielgestaltig ist und für jeden, der zu ihr gehört, Raum läßt. Doch kenne ich viele katholische Christen, die noch vor 20 Jahren das Empfinden hatten, es gebe für sie wegen der Unvereinbarkeit zwischen dem, was sie glauben, und dem, was die Kirche glaubt, keine andere Wahl, als die Kirche zu verlassen. Auch hier ist das heute vollkommen anders. Man bleibt katholischer Christ nach eigenem Verständnis. Und es gibt Tausende und Abertausende auf der ganzen Welt, die sich irgendwie als Katholiken oder Christen betrachten, aber selbst bestimmen, was das bedeutet. Ich halte das für eine sehr gesunde Bewegung und meine, es ist eine Bewegung fort von Abhängigkeit und Unreife zu einer Art Selbstverwirklichung und Übernahme von Eigenverantwortung. Und ich meine weiter, das erfordert für die Kirche auch eine institutionelle Form, die berücksichtigt und anerkennt, daß in der zweiten Hälfte des 20. Jahrhunderts diese Bewußtseinsform im Entstehen ist. Der Mensch sieht sich als sein eigenes Projekt, als schöpferischer Gestalter seines eigenen Lebens und seiner eigenen Bestimmung, der aus all diesen reichen Schätzen der Vergangenheit eine Art »Collage« (= Klebbild) seiner selbst bildet. Wie gesagt: Darin sehe ich nichts Falsches, ich halte es vielmehr für eine sehr gesunde Bewegung.

FRAGE: Und Sie hoffen, daß die institutionellen Autoritäten das hinnehmen werden?

COX: Ich denke, sie haben keine andere Wahl. Auf lange Sicht müssen sie das hinnehmen, oder sie werden eben verschwinden. Aus diesem

Grund bin ich immer ein wenig unbequem und ungeduldig, wenn ich zu Konferenzen wie der in Brüssel komme, wo jedermann so sehr daran interessiert ist, was man in Rom denkt und was man dort tut. Nach meiner Meinung sind die besten katholischen Theologen heute diejenigen, die ganz einfach ihres Weges gehen und ihre Arbeit tun, die ihre Denkarbeit leisten und sich nicht allzusehr darum kümmern, was die Kurie darüber denkt. Denn das ist in Wirklichkeit gar nicht mehr die Hauptfrage.

FRAGE: Was ist dann überhaupt noch ein Problem für protestantische Theologen, wo sie doch immer solchen Veranstaltungen wie der in Brüssel gegenüber ein wenig skeptisch sind und sagen: »Wir sind doch seit Luther frei.«

COX: Ja, sie denken, seit Luther sind sie frei. Aber Tatsache ist, daß die protestantische Theologie sich heute institutionell zum großen Teil auf die Universitäten gründet. Doch in den Universitäten haben sie eine ganze Reihe anderer mehr oder weniger unerwartet auftretender Beschränkungen und Einengungen, die dort nicht geringer sind, und die sie erst nach und nach entdecken. Ich bin also, wie Sie sehen, keineswegs sicher, daß die Universität eine so viel bessere Basis für die theologische Arbeit darstellt als die Kirchen. Ja, es wirkt fast wie eine Ironie, daß heute gerade an dem Punkt, an dem die Theologen sich von der Kirche befreit fühlen, speziell in dieser wunderbaren Universität, viele Leute aufstehen, die nach der Rolle der Universitäten fragen. Fidel Castro hat angekündigt, in zehn Jahren brauche man auf Kuba keine Universität mehr. Die Universität sei typisch für ein bestimmtes Stadium sozialer Entwicklung, doch werde die Zeit kommen, in der die ganze Idee einer eigenen, »Universität« genannten Institution fragwürdig werde. Nun bin ich mir keineswegs sicher, daß Castro in diesem Punkt recht hat, und da ich für eine Universität arbeite, hoffe ich, daß sie zumindest in den Vereinigten Staaten noch etwas länger als zehn Jahre erhalten bleibt. Doch glaube ich, wir sind uns heute stärker bewußt, daß die Universität eine »elitäre« Institution ist, eine Institution, die zum Beispiel in den Vereinigten Staaten stark an die vorhandene Machtverteilung gebunden ist, und wir stehen dieser Tatsache kritischer gegenüber als früher, zumal wir diese Einsicht zum großen Teil der farbigen Bewegung und der studentischen Linken verdanken. Und hier meine ich, daß sie zum guten Teil recht haben. Die Theologen müssen daher nach meiner Meinung sorgfältig darauf achten, daß sie nicht vom Regen in die Traufe geraten. Denn unter der Traufe läßt sich nicht so viel besser Theologie treiben als im Regen. Wenn es einen »Sitz im Leben« für die Theologie gibt, dann ist dieser, wie Paul Tillich es formuliert, »auf der Grenze«, und die beste Theologie kommt stets aus dem Denken »auf der Grenze«. Wenn man nicht vollkommen innerhalb einer Institution steht, bildet man eine Art Randzone und hat verschiedene Arten institutionellen Hintergrundes.

FRAGE: Ich habe noch eine Frage zum Thema »Freiheit«. – Ist die Erfahrung der Freiheit nicht eine Illusion und hilft das, was Sie als Christ tun, nicht noch dazu, diese Illusion zu steigern?

COX: Aus diesem Grunde ist es auch gefährlich, das Wort *»Befreiung«* in der Theologie zu gebrauchen. Denn es ist so oft mißbraucht worden, und so viele Menschen haben sich durch das enttäuscht gesehen, was als Bewegung zur Befreiung des Menschen aufgetreten war. Es muß daher nach meiner Meinung deutlich gesagt werden, daß in jeder Bewegung zur Befreiung des Menschen verborgene Elemente einer neuen Gefangenschaft liegen, die sich nach und nach durchsetzen. Damit ist jedoch nicht gesagt, daß diese Bewegungen vollkommen jeder positiven Dimension entbehren. In den letzten zwei- oder dreihundert Jahren haben wir verschiedene Emanzipationsbewegungen erlebt, und sie haben sich keineswegs alle sehr gut ausgewirkt. Hier dürfte die Kritik jeder einzelnen Idee von der Befreiung sehr wichtig sein, und ich habe im letzten Teil meiner Ausführungen immer wieder die Frage gestellt: »Handelt es sich hier wirklich um eine Emanzipationsbewegung, beziehungsweise welche Elemente dieser Bewegung sind emanzipatorisch und welche Elemente sind konstruktiv«? Man kann also hier nicht einfach ein globales Urteil fällen. Es ist stark an die jeweilige konkrete Situation gebunden.

FRAGE: Aber für Sie gibt es einen Punkt, wie gestern jemand gesagt hat: »Den absoluten Punkt, sonst fallen wir zurück in heillosen Relativismus ...« usw. Ich liebe diese Redeweise nicht, aber vielleicht ist für eine Anzahl Menschen, die hinter ihr stehen, irgend etwas Richtiges an dem, was er gesagt hat, wenn auch nicht dieser Sachverhalt.

Cox: Hier kommt vermutlich meine protestantische Seite zum Vorschein. Aber wenn Gott nicht tot ist – und ich glaube nicht, daß Gott tot ist –, dann kann man alles übrige sehr relativ betrachten. Man kann sich auf eine Art Relativismus einlassen, jedenfalls, wenn man eine gewisse Überzeugung hat, daß es eine zugrunde liegende Einheit gibt, die ein Absolutes darstellt. Ich liebe zwar das Wort »absolut« gar nicht, aber es gibt eine zugrunde liegende Realität, die vorhanden bleibt, die präsent bleibt, ungeachtet all der äußerst verschiedenen Formen, in denen sie verstanden wird. Mein Verständnis des Absoluten ist stets relativ. Doch das bedeutet nicht, daß es nicht eine Art von Absolutem gäbe, von dem dies ein Teilverständnis, ein Mißverständnis oder ein relatives Verständnis darstellte! Keineswegs!

Frage: Werden nun die nichtgläubigen Menschen, die sich so eifrig um eine neue Zukunft und eine neue Gesellschaft bemühen, am Ende enttäuscht sein?

Cox: Das wäre eine Voraussage. Ich für meine Person weiß nicht, ob am Ende Enttäuschung steht oder nicht. In der Praxis jedenfalls ist für mich das Denken in Kategorien wie »gläubige« und »nichtgläubige« Menschen etwas recht Fragwürdiges. Ich weiß nicht – aber ich glaube, in fast jedem Menschen stehen »gläubig« und »ungläubig« nebeneinander. Ich kann die Welt nicht in »Gläubige« und »Ungläubige« einteilen. Jedermann weiß, daß es auch in der Kirche viel Zweifel und Geschwätz gibt.

Übersetzt von Kh. Bergner

IV. Religion im Zeitalter des Wassermanns

Zuweilen hinterlassen Äußerungen von Harvey Cox den Eindruck des Zufälligen, allzu Spontanen. Die amerikanische Publizistik hat Cox nicht selten in die gefährliche Nähe des prominenten Harvardtheologen bugsiert, der zu allem und jedem etwas zu sagen weiß. Wer Cox kennt, weiß, daß hier eine gewisse Schwäche liegt. Einem voll ausgebuchten Terminkalender zum Trotz vermag Cox einen penetranten Frager nur selten abzuweisen.

Das folgende Interview, das ein Freund mit Cox geführt hat, ist ein gutes Gegenbeispiel. Es verrät in seiner gründlichen Durchführung, mit welchen Traditionen und Strömungen Cox sich ausgiebig auseinandergesetzt hat, um anhand der verschiedenen Kulturerscheinungen die unbewußt vorhandene Suche nach Transzendenz nachzuweisen. Das Gespräch entstand 1970, zu einem Zeitpunkt, wo Amerika sich für kurze Zeit sehr intensiv mit schwarzer Magie, Hexenwahn und Horoskopen beschäftigte.

Ein Interview mit George Harris

FRAGE: Muß Sie als Theologen das weithin sichtbare Wiederaufleben von Magie und Aberglauben nicht nachdenklich stimmen? Wie verhalten Sie sich, wenn Studenten nach Ihrem Tierkreiszeichen fragen?

COX: Wissen Sie, eigentlich möchte ich es ungern zugeben; aber am Anfang haben mich die Leute verrückt gemacht. Wenn jemand kam und fragte: »In welchem Tierkreis sind Sie geboren?« habe ich gewöhnlich geantwortet: »Ich weiß nicht. Mich interessiert dieses Zeug nicht.« Später kam ich dann dahin, mit meinem skeptischen Harvard-Gehabe etwa so zu reagieren: »Wenn Sie meinen, daß es wirklich eine Korrelation zwischen Zeichen und Charakter gibt, dann müssen Sie mir doch eigentlich auf der Stelle meine Tierkreiszeichen verraten können? Nun, in welchem Zeichen bin ich denn geboren?« Ich hatte mich so richtig mit der rationalistischen Position identifiziert: »Hier komme ich jetzt. Bitte fragt doch. Ratet mal. Wir wollen es mal ausprobieren!«

Manchmal haben sie das Spiel mitgemacht. Aber es war ein faules Spiel. Heute weiß ich, warum. Wissen Sie, was die Leute nämlich meinen, wenn sie sich nach dem Tierkreiszeichen erkundigen? Sie wollen zum Ausdruck bringen, daß sie zu einem Gedankenaustausch mit Ihnen kommen wollen, daß sie Ihnen auf diese verrückte und wunderliche Art näherkommen wollen – eine Form der Kommunikation, die so einen verdammten Rationalisten natürlich in Rage bringt. Die logisch vorgehenden Leute, die unserer Gesellschaft das Gepräge geben, haben uns in Kategorien gepreßt, wo wir uns nicht wiederfinden können.

Da ist doch etwas Wahres dran. Es ist kein Spielraum übriggeblieben, in dem man sich frei bewegen könnte; ich denke an diese niedlichen Kästchen, jeweils reserviert für Weiße, Protestanten, Juden, Männer, Frauen, Studenten, Amerikaner, Russen, Demokraten, Vorortbewohner, die Neue Linke, Reiche, Arme. Das Ganze ist zum Kotzen; uns bleibt nichts anderes übrig als irgendeine Form des Arrangements.

Bei dem, was ich vorhin erwähnte, haben wir es aber mit einer wirklich verrückten Gruppe von Kategorien zu tun, die unabhängig von einem sozialen Status oder etwas anderem gelten. Keiner klassifiziert Dich – im Gegenzug stempelst Du ihn nicht ab. Bist Du ein Stier – ich bin übrigens einer – mein Gott, dann ist eben auf der Stelle ein sehr inniges Verhältnis zwischen uns entstanden. Wir zetteln diese kleine Verschwörung an ...

FRAGE: ... wie Gefangene, die eine geheime Kodesprache entwickelt haben ...

COX: ... ja, ja, natürlich. Sie und ich, wir haben diese kleine Verschwörung gegen die Gefängnisaufseher inszeniert, jene Leute, die nichts gelten lassen wollen, was wissenschaftlich nicht beweisbar oder nicht gesellschaftsfähig ist. So bleibt uns nichts anderes übrig, als unseren eigenen Weg der Selbsteinschätzung zu gehen.

FRAGE: Ich mache mir unentwegt Gedanken darüber, ob mein Zeichen, die Waage, nicht eher ein Hindernis ist.

COX: Machen Sie sich keine unnötigen Gedanken. Die Möglichkeiten sind unbegrenzt. Sie wissen doch, daß es Zeichen im Bodenbereich, Zeichen im Luftraum, im Wasserbereich und Feuerzeichen gibt. Das Zeichen im Luftraum hat Bezug zum Zeichen im Bodenbereich, und das Zeichen im Wasserbereich hat etwas zu tun mit dem Feuerzeichen oder etwas Ähnlichem. Daneben gibt es noch andere Verbindungen, die sie untereinander in Beziehung setzen. Und wenn das noch nicht reicht, gibt es noch das vollends esoterische Geraune um die Mondzeichen. Sie könnten auch ein Steinbock sein, im Widdermond geboren. Das Ganze ist eine derart knifflige und auf einen Generalnenner ausgerichtete Anordnung von Symbolen, daß sie zur Beschreibung x-beliebiger Beziehungsverhältnisse herangezogen werden können.

Der Umgang mit der Astrologie ist die Abwandlung des Zueinander-in-Beziehung-Treten-Spiels; dabei dürfen wir so lange heitere Miene machen, bis wir von uns aus zum alten Ernst zurückkehren. Ganz allgemein betrachtet, sind Astrologie, Drogengenuß und Zen-Religiosität Formen des Spiels, der Prüfung neuer Wirklichkeitsvorstellungen, ohne von vornherein nach der Bedeutsamkeit des großen Geschäfts zu fragen — oder aber diese Frage ganz unter den Tisch fallen zu lassen.

FRAGE: Das Wort Spiel gewinnt immer mehr an Bedeutung. In Ihrem neuen Buch »Das Fest der Narren« haben Sie eine generelle Theorie des Spiels entwickelt, gewissermaßen eine Anklage gegen eine Gesellschaft, die dem Leistungsprinzip verfallen ist.

COX: Ich weiß, daß ich mit meiner Vermutung nicht allein stehe, wenn ich darauf verweise, daß wir in der irren Jagd nach Mehrwert und Überfluß den hohen Preis psychischer Schäden bezahlen. Überzeugende Beweise werden in zunehmendem Maße von Psychologie und Anthropologie geliefert. Daraus läßt sich entnehmen, daß wir die Fähigkeit, so richtig festlich zu feiern, uns in reiner Imagination zu ergehen und spielerische Phantasie aus uns herauszusetzen, nahezu verloren — oder zumindest stark beschnitten haben.

Vor nicht allzu langer Zeit begannen die beiden französischen Psychologen Roger Frétigny und André Virel mit der Anwendung dessen, was sie »gezielte Phantasie« (»directed fantasy«) nannten. Was mir daran gefällt, ist die Art, wie sie ihre Forschungsergebnisse in Beziehung zu früheren Studien auf dem Gebiet der Imaginationsforschung in der Anthropologie sowie den vergleichenden Religionswissenschaften setzen. Meiner Meinung nach sind diese Ansätze von unschätzbarer Bedeutung – nicht nur für die Theologie. Neben der Kirche hat ja die westliche Kultur schlechthin im Namen des Leistungsprinzips den Charakter eines Stammes angenommen, der führerlos umherirrt.

Frétigny und Virel unterscheiden vier Ebenen des Bewußtseins: imaginativ, aktiv, reflektiv und kontemplativ. Jede hat ihre besondere Funktion. Das imaginative Bewußtsein, dessen bestes Beispiel die Phantasie ist, erschöpft sich nicht darin, den Erfahrungsstoff bloß zu ordnen; in gleicher Weise trennt es auch den Stoff und Erfahrungssysteme, um auf diese Weise zu neuen Konfigurationen zu gelangen. Hieran wird deutlich, wie stark das ausschließlich rationale Denken uns »unheilbar verkrüppelt in einem sterilen und verknöcherten System« zurückläßt. Die rationale Fähigkeit kann höchstens von der Vergangenheit abheben.

Personen und Gruppen richten sich einen Bewegungsrhythmus im wechselseitigen Hin und Her zwischen der Welt der Fakten und der Welt der Phantasie ein. In tribalistisch ausgerichteten Gesellschaften blüht die kollektive Phantasie (Gruppe) immer dann, wenn der Stamm die jahreszeitlich abhängigen Begehungen der Mythen und Legenden vornimmt. In differenzierteren Gesellschaften ist der Zeitpunkt bei weitem nicht so klar abgegrenzt; unter Umständen ist er auch seltener. Virel und Frétigny haben darüber spekuliert, wie es auf einer Kulturstufe wie der unsrigen über Jahrhunderte hinweg zu einer nahezu blindwütigen Beschäftigung mit der empirischen Wirklichkeit kommen konnte, um dann in eine Periode imaginativer Kreativität und gesteigerter Phantasie umzuschlagen.

FRAGE: Befinden wir uns gegenwärtig am Zeitpunkt dieses Umschlags?

COX: Das ist durchaus denkbar. Es kann allerdings genauso sein, daß die teilweise zu beobachtende Wiedergeburt der Phantasie nichts anderes als ein irreführendes Erröten auf den Wangen eines sterbenden Zeitalters ist. Die Zeit wäre längst reif. Jahrhunderte hindurch hat der Mensch damit zugebracht, die gesamte kulturelle Aufmerksamkeit stur auf das äußere Erscheinungsbild der Wirklichkeit zu richten, um zu erforschen, zu untersuchen und zu meistern.

Leute mit einem Hang zur Fantasie fühlten sich bisher nie so recht verstanden. Man brachte es sogar fertig, sie aus religiösen Institutionen zu verweisen, aus einem Bereich, wo gewöhnlich die Fantasien des Mystikers gehegt und gepflegt werden. Das Christentum, besonders in seiner protestantischen Spielart, hat sich selbst betrogen – um im Gegenzug auch wieder von außen her hinters Licht geführt zu werden, indem es das geistliche Fundament und die gefälligen Werte der westlichen Industriegesellschaft bereitstellte. Nur in der Kirche der Schwarzen und im folkloristisch verbundenen Katholizismus, beispielsweise in Mexiko, haben sich noch zahlreiche Elemente des auf Christus zurückführbaren festlichen Geistes gehalten.

FRAGE: Und die Methodisten z. B. haben ihre emotional stark besetzten Melodien aus dem Gesangbuch herausgenommen. Es bleibt einem gar nichts anderes übrig, als in eine Bar zu gehen, wenn man das Verlangen nach Ekstase verspürt.

COX: Ganz richtig, die Bar ist tatsächlich einer der ganz wenigen verbliebenen Orte, wo man sich noch richtig gehen lassen kann, ohne daß einem das gleich übel genommen wird. Man kann da noch spielen. Ich glaube nicht, daß die herkömmliche Form der Religion deshalb im Rückgang begriffen ist, weil Wissenschaft, Erziehung oder all jene Faktoren, die gewöhnlich für Ausbreitung der Säkularisierung genannt werden, dafür verantwortlich gemacht werden können. Der wahre Grund ist simpler, allerdings nicht so ohne weiteres zu erkennen, weil er in unsere Lebenswelt fugenlos eingegangen ist: Eine straff gelenkte, bürokratisch und instrumental ausgerichtete Gesellschaftsordnung – übrigens das einzige Modell, das uns seit der industriellen Revolution unter die Augen gekommen ist – läßt uns in dem Unvermögen zurück, die nicht-rational gesteuerten Schichten im Leben wirklich auch zu erleben. Das Absurde, Inspirierende, Unheimliche, Schaudererregende, Erschreckende, Ekstatische – nichts von alledem paßt in die produktions- und leistungsorientierte Gesellschaft. Sie kosten nur Zeit und sind kaum der Kalkulation zugänglich. Sobald sie sich einstellen, versuchen wir, sie mit Gewalt oder einer schnell zurechtgezimmerten Theorie abzuschütteln. Das Dionysische am Menschen haben wir verkümmern lassen; wir nehmen es statt dessen für bare Münze, daß der Mensch von Natur aus ein verläßlicher, von Flugzeug zu Flugzeug hastender apollonischer Charakter ist.

Gewöhnlich schiebt man die Schuld an dieser Verkehrung der Verhältnisse dem zu, was als »Puritanismus« oder »Protestantische Ethik« bekannt ist. Allerdings entspricht diese Sicht der Dinge nicht voll den Tatsachen. Keine Religion, die bisher einer Prüfung unterzogen wurde, kann sich anscheinend dem Zugriff der Managermentalität, der »Ökonomischen Entwicklung«, entziehen. Ob Kommunismus, Nationalismus oder andere Ideologien: sie teilen das gleiche Schicksal.

FRAGE: Welcher Ausweg eröffnet sich in dieser Situation?

COX: Niemals sind wir vollständig zu Sklaven unserer Kultur oder ihrer Sprache geworden. Überall auf der Welt wenden sich Menschen – gewissermaßen als letzter Ausweg – jenen Bereichen zu, die bisher übersehen oder nicht total systematisiert wurden. Daher unsere Begeisterung für Pop Art und erfreulicherweise auch für Fellinis Filme mit ihrem menschlichen Strandgut und den Ausgestoßenen der Industriegesellschaft. Daher auch das Interesse für jenes schlüpfrige Zeug, das niemals seinen festen Platz im System gefunden hat: Astrologie, alle Arten von Verrücktheiten, Hexen, Drogen, östliche Religionen, Wahrsagerei und Mystik, billig-anspruchslos oder ernsthaft.

Sogar die gegenwärtig zu beobachtende Vorliebe für alles, was mit Sex und Gewalt zusammenhängt, kann in einem gewissen Grade im Zusammenhang mit dieser Reaktion gesehen werden. Blut und Samen werden explosiv, tanzen aus der Reihe, sind mit Gefühl besetzt, unkontrollierbar und gleichzeitig in einer unfaßbaren Weise anziehend. Nichts dergleichen läßt sich fein säuberlich in das brummende Gedächtnis eines Computers IBM 360 einspeisen, um dann wieder ebenso reibungslos abgerufen zu werden, sobald das Programm es erfordert. Mit einem theologischen Begriff gesprochen, könnte man sagen: diese Faktoren transzendieren die alltägliche Erfahrung.

FRAGE: In Ihrem Buch »Stadt ohne Gott?«[1], das ja Soziologen und

[1] Die amerikanische Originalausgabe erschien 1965 unter dem Titel »The Se-

Stadtplaner aufhorchen ließ, haben Sie darauf hingewiesen, daß der Mensch der Stadtkultur zum Schöpfer seiner eigenen Welt aufgestiegen ist – auch solcher Vorstellungen wie Himmel und Hölle, vom Wertsystem ganz zu schweigen. Gott oder Schicksal lassen sich nicht mehr so einfach vorschieben. Mit dieser Hypothek belastet, verlangen Sie nun in Ihrem neuen Buch »Fest der Narren«, wir sollen in den Straßen tanzen.

Cox: Vielleicht habe ich in der Zwischenzeit etwas hinzugelernt. Muß es denn unbedingt einen Graben zwischen jenen Leuten geben, die für eine bessere Welt arbeiten und hoffen, und denen, die im Leben selbst bereits etwas Bejahendes und damit einen Anlaß zum Feiern entdeckt haben. Müssen die *Neuen Militanten* – die Radikalen und Revolutionäre – im Vergleich zu den *Neo-Mystikern* – die Hippies, Yippies und alle, die mit einem neuen Lebensstil experimentieren – von vornherein diametral entgegengesetzte Ziele verfolgen? Ich glaube, daß dieses Schema nicht hinhaut, und ich hoffe, daß dies auch in Zukunft nicht der Fall sein wird.

»Das Fest der Narren«[2] ist keine Zurücknahme der »Stadt ohne Gott«; vielmehr eine Ergänzung, die Anerkennung der Tatsache, daß die Veränderungen, die wir so nötig brauchen, viel differenzierter gesehen werden müssen, als ich mir das noch vor fünf Jahren träumen ließ. Hinzu kommt, daß heute – will man etwas verändern – sehr viel dra-

cular City« bei Macmillan in New York. Der Titel der deutschen Ausgabe ist allerdings nicht glücklich gewählt. Wenn Cox von der unabwendbaren Säkularisierung urbanen Lebens spricht, meint er nicht den automatischen Auszug Gottes aus dem Leben des säkularisierten Städters. Der deutsche Titel bringt Cox in bedenkliche Nähe zur »Gott-ist-tot-Theologie«; Cox ist aber alles andere als ein radikaler Theologe. Im Jahre 1966 erschien der Niederschlag einer sehr heftigen Diskussion um das als sensationell empfundene Buch unter dem Anschlußtitel »The Secular City Debate« beim gleichen Verlag.

[2] Der deutsche Titel ist die wörtliche Übersetzung der amerikanischen Ausgabe »The Feast of Fools«, erschienen 1969 bei Harper and Row in New York. »Das Fest der Narren« ist sozusagen die Reaktion auf die Reaktion, die Reaktion von Cox auf die jahrelange »Secular City Debate«. Wenn die »Stadt ohne Gott« den *apollinischen* Cox zur Sprache bringt, dann »Das Fest der Narren« den *dionysischen* Cox.

stischere Methoden nötig sind. Im 19. Jahrhundert geschah es, daß der Mensch die Geschichte in eigene Regie nahm. In meinem Buch »Stadt ohne Gott?« kam es mir darauf an, diesen Sachverhalt – gewissermaßen als Ent-Fatalisierung – auf der Ebene des Bewußtseins deutlich herauszustellen und die daraus resultierenden Konsequenzen abzustecken. Im »Fest der Narren« dagegen habe ich das Schwergewicht auf die Überzeugung gelegt, daß wir der Aufgabe, Geschichte bewußt zu gestalten, dann nicht gewachsen sind, wenn wir selbst in ihr gefangen sind, mit anderen Worten bar sind jeder Sensibilität für das Zeitlose, dem wir nur in Fantasie und Festlichkeit begegnen können.

Ist Ihnen aufgefallen, wie sehr die Vergangenheit zu einer unerträglichen Hypothek geworden ist? Mit der Ausnahme von Konservativen – sie möchten die Mentalität der guten alten Tage wie einen Schlagstock benutzen, mit dem sie jeder anderen Meinung eins überziehen – kann man doch heute überall die Manie beobachten, alles, was mit Vergangenheit zu tun hat, auszulöschen, sie zu verfluchen, sie in die Luft gehen zu lassen, sie einfach niederzubrennen. Hieraus erklärt sich die Beliebtheit eines Buches wie etwa Norman O. Browns [3] »Life Against Death« und »Love's Body«. Brown fordert uns auf, »bereit zu sein, zu leben, anstatt Geschichte zu machen, zu genießen, anstatt sich für erlittenes Unrecht und Schulden zu revanchieren und so den Zustand des Seins anzupeilen, der das Ziel des Werdens ist.«

Mit Freud geht Brown davon aus, daß der Preis für die Erringung von Kultur die Unterdrückung der Triebe ist, ein – wie Brown hinzufügt – maßlos hoher Preis. Brown zufolge besteht die Geschichte nicht in der Abfolge irgendwelcher banaler Ereignisse; so zu denken, wäre ein Kardinalfehler. Von all dem möchte er wegkommen.

Da ist Claude Lévi-Strauss schon gelassener. Zusammen mit anderen französischen Strukturalisten bemängelt er, daß wir alle viel zu sehr

3 Brown ist einer der auch bei der jungen Linken einflußreichsten Kritiker des libidofeindlichen, sexmuffigen amerikanischen Puritanismus. Brown hat der amerikanischen Subkultur das entscheidende theoretische Rüstzeug geliefert, als es darum ging, die repressive Moral abzustreifen. Brown hat Sigmund Freud verehrt und abgelehnt zugleich. Für ihn beginnt repressives Verhalten – anders als bei Freud – bereits bei der Entstehung der Natur, jedoch nicht erst im Stadium der ersten Kulturleistungen.

im Griff der Entscheidungsmaschinerie, tagesbedingter Bestrebungen und historischer Zielsetzungen sind. Lévi-Strauss tritt dafür ein, daß der Standpunkt Jean-Paul Sartres, des Philosophen der freien Entscheidung und einer von Menschen ausgehenden Weltgestaltung, überwunden wird.

Ganze Bereiche in Musik und Theater versuchen, die Vergangenheit buchstäblich zu opfern. Als Beispiel möchte ich John Cage[4] anführen. Bestimmt ist er von allen amerikanischen Avantgardisten in der Musik der wohl am meisten Selbstbewußte. Das Dogma der Kontinuität, so sagt er, hat keine Gültigkeit mehr, weil er die Vorstellung der Melodie nicht länger akzeptieren kann. Er möchte uns dahin bringen, daß wir zu einem bestimmten Zeitpunkt nur den jeweiligen Ton wahrnehmen, nicht jedoch in erster Linie die Note im Auge haben, die ihm vorausliegt.

Oder nehmen Sie Antonin Artaud[5]. In seinem Theater der Grausamkeiten lud er Autoren dazu ein, in direkter und ungeschminkter Weise die einzelnen Aspekte des Lebens dramaturgisch zu verarbeiten. Das Licht wollte er so angeordnet haben, daß es nicht die Spielhandlung auf der Bühne ausleuchtet, sondern den Zuschauern in den Augen wehtut. Artaud wollte damit unsere Verehrung vergangener Geschehnisse so weit abbauen, daß uns nichts anderes übrigbleibt, als daran zu gehen, das Leben nach eigenen Gesichtspunkten neu zu gestalten. Seit Artaud wurde das Theater dazu herangezogen, zu schockieren und in Rage zu bringen, womit das Publikum aus der distanzierten Zuschauerhaltung herausgelöst werden sollte; ihm schwebte vor, sie in das Erlebnis von Gewalt, Magie und zuweilen auch Freude einzubeziehen.

FRAGE: Wollen Sie damit sagen, daß Sie solche Einrichtungen wie das »Guerillatheater« ablehnen?

COX: Aber nein. Auf keinen Fall. Die Vermischung von Gesprochenem

4 Zeitgenössischer, von Schönberg beeinflußter amerikanischer Komponist. Cage wurde bekannt durch seine Konstruktion des »prepared piano«, mit dem er unter Ausnutzung verschiedenartiger Effekte eine neue Klangwelt jenseits der musikalischen zu erschließen bestrebt ist.

5 Antonin Artaud, 1896–1948, gilt als einer der bedeutendsten surrealistischen Dichter, der als Schauspieler und Regisseur einen überwältigenden Einfluß auf das moderne französische Theater ausgeübt hat.

und Geschriebenem im Werk von Artaud erhellt die visionäre Fähigkeit einiger Radikaler in der Studentenbewegung, ich meine diejenigen, die am anti-ideologischen Standpunkt festhalten. Cage dagegen ist ein Vertreter jenes Flügels, der es mit dem Mystischen, Dionysischen und erfahrungsorientierten Zugang zur Wirklichkeit hält, ich meine, die »Now-Mentality«, die Mentalität des Hier-und-Jetzt. Sie ist darauf angelegt, das Erlebnis der unmittelbaren Erfahrung zu ermöglichen – ob es nun im erotischen, visuellen oder auditiven Bereich geschieht.

Machen wir uns doch einmal das enge Wechselverhältnis zwischen dem Überangebot an Sinneseindrücken und der Abstumpfung im Sinnesbereich klar. John Lilly[6] hat bei seinen Experimenten festgestellt, daß für jemand, der in einem von Licht und Geräuschen völlig abgeschirmten Raum sitzt, bereits der geringste Sinnenreiz von außen zu einem schmerzlich-intensiven Erlebnis wird. Jetzt drehen wir den Spieß einfach um. Versetzen Sie sich in ein Rock-Konzert. Die mit einem unerträglichen Krach verbundenen optischen Einwirkungen der Lichtshow, die einem fast das Augenlicht nimmt, läßt den Zuschauer in eine vollständige Isolierung geraten, so daß ihm nichts anderes übrigbleibt, als sich auf sein Innenleben zurückzuziehen. Vergleichen läßt sich das mit der in absoluter Stille vollzogenen Kontemplation zwar nicht; es ist aber eine Möglichkeit, sich vor dieser hektischen Kultur abzuschirmen.

Soll man sich darüber aufregen? Liegen triftige Gründe dafür vor, daß die Leute so verzweifelte Anstrengungen unternehmen, ihre wohlgeordneten und fest verankerten Rollen aufzukündigen? Den Differenzen zwischen Christen und Marxisten zum Trotz haben doch beide immer wieder versucht, uns dahingehend zu beeinflussen, das zu tun, was die historische Stunde jeweils von uns verlangt. «Geschichte» nennen wir jenen Ausschnitt des Bewußtseins, der für unser Leben ausschlaggebend ist. Weiter können wir nicht blicken. Den weiteren Umkreis haben wir aus den Augen verloren – ich meine jene kosmischen Vorgänge, die durch Intuition, das Erlebnis heiliger Scheu und Ekstase

6 John Lilly, von Hause aus Biophysiker, gehört zu den führenden Neurologen in den USA. Lilly hat 1967 eine Untersuchung vorgelegt, die als Markstein in der Verhaltensforschung von Delphinen gilt.

zugänglich sind. Schuld daran ist die Tatsache, daß wir von den Ereignissen in der Vergangenheit, Gegenwart und Zukunft so stark in Beschlag genommen sind.

Michael Polanyi[7] nennt diese umfassendere Wirklichkeit die »schweigende Dimension« (tacit dimension). Bei Teilhard de Chardin ist es das »göttliche Milieu«. Die Geschichte ist vom Faktor Zeit bestimmt, der Umkreis des Kosmischen läßt Ewigkeit vermuten. Um wirklich menschlich leben zu können, müssen wir mit beiden Bereichen in Kontakt stehen, gewissermaßen jenen Punkt ergreifen, wo – wie T. S. Eliot sagt – die Zeitlosigkeit mit der Zeit sich schneidet. Darüber hinaus haben Gestaltpsychologen und ein Mann wie Marshall McLuhan[8] die Notwendigkeit einer »Anti-Umwelt« betont: die Bereitstellung eines backgrounds, von dem her erst einmal alles Konturen erhalten muß, bevor es für uns sichtbar wird.

FRAGE: Der Fisch konnte das Wasser nicht ausfindig machen, wie McLuhan sagt.

COX: Oder das Zeitalter des Wassermanns. Wie dem auch immer sei: Ohne eine Perspektive der Zeitlosigkeit, eines Rahmens, wird es uns nicht gelingen, unsere Bescheidenheit zurückzugewinnen und auch den Humor, uns selbst und unsere Zeit ungeschminkt zu sehen, es geht auch nicht ohne die Courage, auf unsere Einsichten hin einfühlend zu handeln. Im anderen Fall sind wir den verzweifelten Versuchen anheimgegeben, alles »lösen« zu wollen. Richard L. Rubenstein wies in seinem Buch »Nach Auschwitz« darauf hin, daß der im westlichen Denken beliebte logische Zugang zur Lösung von Problemen folgerichtig zu den Verbrennungsöfen der Nazis führen mußte, zur »Endlösung«.

FRAGE: Hat denn die Theologie einen Ausweg aus dieser Situation anzubieten?

7 Michael Polanyi, heute emeritiert (laut Angabe von WHO IS WHO), war Professor für physikalische Chemie und ist durch Veröffentlichungen zu allgemeinen philosophischen Grundfragen hervorgetreten.

8 Gemeint ist der kanadische Kommunikationsforscher, der in Deutschland mit dem Buch »Die magischen Kanäle« bekannt wurde.

Cox: Durchaus, doch nicht ohne Denkanstöße seitens der ihr Wohlgesinnten: Künstler, Studenten und Sozialwissenschaftler. Was heute an aufgeklärter und kritischer Theologie produziert wird, hat seine Wurzel in den meisten Fällen im 19. Jahrhundert. Damals erkannte man, wie sehr die Christentumstradition, die biblischen Bücher, die Enzykliken und Rituale historisch bedingt sind. Alle Lebensäußerungen der konventionellen Religiosität wurden nur noch als Produkte der zweiten Generation gesehen. Eine authentische Erfahrung des Religiösen ist *einzig und allein* über den Umweg tiefgründiger Studien darüber möglich, was das eigentlich für Menschen waren, die jene religiösen Erfahrungen in gleicher Weise vor Urzeiten machten.

Worauf ich hinaus will, ist folgendes: Die Religionssoziologie hat Fragen aufgeworfen, denen sich unsere Theologie jetzt zuwenden muß – ich meine das Problem der unmittelbaren Erfahrung. Von der Theologie verlange ich, daß sie sich sehr eingehend mit den Sozialwissenschaften beschäftigt. Obwohl gerade sie in fast schon überheblicher Weise auf die Gegenwartsbezogenheit eingeschworen sind, können sie der Theologie dennoch einen guten Dienst durch die Wegführung von deren eigener Vergangenheit erweisen. Seit Emile Durkheim waren es eigentlich immer wieder in erster Linie Soziologen, die – oft ohne es zu wollen – die Voraussetzungen für die systematische Erforschung der nichthistorischen Dimension unserer Erfahrung schufen. In meinem Buch »Fest der Narren« habe ich versucht, diesem Vorgang etwas mehr Aufmerksamkeit zu schenken; eine gründlichere Auseinandersetzung mit dieser Frage würde jedoch eine eigene Abhandlung erfordern, etwa eine Monographie zum Thema Theologie und Sozialwissenschaften.

Frage: Von Marcello Truzzi liegt an der Universität von Michigan eine Arbeit über gegenwärtige Erscheinungsformen des Hexenwahns und der Satanskulte vor. Der Verfasser ist ernsthaft überzeugt, daß der plötzliche Anstieg solcher Dinge ausgesprochen trivial ist, weil die Beteiligten selbst es nicht allzu ernst damit meinen.

Cox: Genau aus diesem Grund sind solche Vorgänge so bedeutsam – die Leute spielen nämlich mit neuen Einfällen. Es sind ja nicht allein junge Mädchen, die an Hexenversammlungen teilnehmen oder sich in harmlose Biester verwandeln; Arthur Waskow berichtete nämlich in der

Zeitschrift »Liberation« darüber, wie auch unter radikalen Gruppen die Beschäftigung mit Ritualen eine große Rolle spielt; in diesen Kreisen kommt es vor, daß man das Spiel ernster nimmt, als selbst ich es tue. Sie können auf Untergrundkirchen verweisen, buddhistisch orientierte Gemeinschaften, Opferhandlungen, Selbstbezichtigungen, knallig eingefärbte Kultgewänder, Kollekten (bei denen das eingesammelte Geld aus Protest gegen das kapitalistische System verbrannt wird), Selbsterfahrungsgruppen, klösterlich anmutende Kontemplationen, Indianer-Runen, Wallfahrten für die Freiheit, liturgische Feste in Kommunen und was sonst noch.

Haben Sie sich jemals klargemacht, wie oft gerade Herbert Marcuse, dessen Schriften in der Frühphase der Neuen Linken so überaus einflußreich waren, den Begriff »transzendent« gebraucht? Ein Freund von mir hat sich die Mühe gemacht, alle entsprechenden Stellen in Marcuses Buch »Der eindimensionale Mensch« zu unterstreichen. Fast auf jeder Seite konnte er Striche anbringen.

FRAGE: Irving Kristol mag recht haben, wenn er im »Fortune«-Magazin behauptet, Marcuse sei mehr eine religiös zu verstehende Persönlichkeit als ein Führer der Intellektuellen.

COX: In vieler Hinsicht ist das wohl richtig. Ich kann mir aber gut denken, daß Kristol in diesem Fall eher eine kritische Replik an Marcuse anbringen wollte. Allerdings ist die Suche nach neuen Leitbildern nicht auf Radikale oder Neo-Mystiker beschränkt. Ich selbst konnte mich vor noch nicht allzu langer Zeit davon überzeugen, wie intensiv meine Studenten sechs Bücher, die sich unter normalen Umständen gar nicht in einem Atemzug nennen ließen, durchgeackert haben: *»Stranger in a Strange Land«* (»Fremder in einem fremden Land«): Ein utopischer Roman von Robert Heinlein über Marsmenschen. Valentin Michael Smith, der Held des Buches, konnte »grokken« – übrigens eine wundervolle Bezeichnung für die Fähigkeit umfassender Erkenntnis – in einer Weise, wie wir Erdenbewohner das gar nicht mehr hinkriegen.

Als nächstes Buch fällt mir der *»I Ching«* ein, das »Buch der Verwandlungen« oder die heiligen Bücher des alten China.

Dann *»The Double Helix«* (»Die Doppelspirale«), ein Bericht darüber, wie das genetische Codesystem entschlüsselt wird, wie man sich herrliche molekulare Formen ausdenkt und herauszufinden sucht, welche der eingegangenen Verbindungen wohl lebensfähig ist. In diesem Buch ist außerdem von einer ganzen Reihe nichtwissenschaftlicher Dinge die Rede, zum Beispiel dem Versuch, Linus Pauling eins auszuwischen oder sich mit der kränklichen Rosie abzugeben, die im Labor nebenan sitzt.

»The Teachings of Don Juan« (»Die Lehren des Don Juan«) von Carlos Castaneda ist die Story eines Romantikers, der sich weigert, die Dinge so zu sehen, wie sie von praktisch veranlagten Menschen gesehen wurden und noch werden.

Ein weiteres Buch ist *»The Politics of Experience«* (»Die Politik der unmittelbaren Erfahrung«), der wilde und zugleich großartige Versuch des Psychiaters R. D. Laing, die Theorie anzuwenden, wonach der Zustand der Schizophrenie eine Art Doppelvision ist, der Wunsch zu überleben.

Schließlich ist da noch *»The Mind of Dolphin«* (»Was Delphine denken«), eine empirische Studie von John C. Lilly darüber, was diese Komiker des Meeres einander mitzuteilen haben.

Jedes dieser Bücher beschäftigt sich auf seine Weise mit unorthodoxen, oft spukhaften Versuchen, zu erkennen und zu fühlen, wenn es sein muß sogar mit den Augen eines Delphins. Sich aber einmal in einer gänzlich unwissenschaftlichen Weise zu geben, geschweige denn den Versuch zu unternehmen, darüber etwas zu schreiben, ist für viele Leute nahezu unmöglich. Erinnern Sie sich noch an das gemeinsame Wochenende, das wir vor einigen Jahren an der Amerikanischen Akademie für die Künste und Wissenschaften verbrachten? Eine bunte Mischung von Theologen und Sozialwissenschaftlern saß da um den Tisch: Henry Murray, Talcott Parsons, Martin Marty [9] und David Riesman. Denken Sie noch daran, wie ungehalten Daniel Callahan [10] wurde, als Sie zu einem Plä-

9 Martin Marty lehrt Systematische Theologie an der Universität von Chicago, gehört jedoch nicht zu den bahnbrechenden Theologen Amerikas.

10 Daniel Callahan ist Publizist. Er war lange Jahre Chefredakteur der Zeitschrift »Commonweal«. Er ist Herausgeber des Buches »The Secular City Debate«, das die Diskussion um die »Stadt ohne Gott« einer breiten Öffentlichkeit zugänglich gemacht hat.

doyer für die positive Einschätzung des Emotionalen in der Religion ausholten? Er nannte Sie einen Baptisten.

Wenn ich dabei einmal an meine eigene baptistische Vergangenheit denke, dann muß ich sagen, daß sie mir dazu verholfen hat, meinen Sinn für das Experimentelle, für die Bedeutsamkeit des Dionysischen offenzuhalten. Sie wissen selbst, daß Timothy Learys zweite Frau früher einmal den Südlichen Baptisten (Southern Baptists) angehörte. Ich verbrachte einmal einen Abend mit den beiden im Bergland nördlich von New York. Wir lagen im Freien – unter den Sternen des Staates von New York. Learys Frau lachte und sagte zu mir: »Wir Baptisten sind doch die geborenen Kinder der Natur.« Wie treffend. Sie wissen ja, worauf sie hinaus wollte: Wie kann ein Unitarier jemals die Bahn einer Sternschnuppe in den Blick bekommen? Welcher liberale Kongregationalist hat jemals einen »bösen Trip« unter Drogeneinfluß in der Kirche erlebt?

FRAGE: Wenn wir in unserem Gespräch noch einmal ein Stück zurückblenden: Was meinten Sie damit, als sie sagten, daß Durkheim die Religionssoziologie erst richtig hoffähig gemacht hat?

COX: Schon sehr früh ist er mit jenen Soziologen ins Gericht gegangen, die für eine Eliminierung des Religiösen eintraten. Er legte Wert auf die Feststellung, daß Religion kein Überbleibsel aus dem Zeitalter des Aberglaubens ist, weil religiöse Symbole notwendig sind. Religiöse Symbole halten die Gruppe sozial zusammen. Vielleicht ist die beste Definition von Religion einfach die, daß Religion als die höchste Ordnung im System von Symbolen begriffen wird, eine Ordnung, die anderen Symbolsystemen, Metaphern, Mythen und Werten einer Kultur letztlich Legitimation verleiht. Jedenfalls bringt es die gegenwärtige Liturgie in ihrer Belanglosigkeit nicht fertig, uns zusammenzubringen.

FRAGE: Und weil die religiösen Symbole der Ausfluß unserer Begegnung mit dem Über-Rationalen sind – dem wir ja zu entgehen suchen –, haben wir uns selbst von den Wurzeln der integrierenden Werte abgeschnitten.

COX: Gewiß. Um aber die Funktion von Religion im industriellen und urbanen Kontext voll zu erkennen, darf es bei der Betrachtung der

Kirche nicht sein Bewenden haben. Thomas Luckmann hat in seinem Buch »The Invisible Religion« darauf hingewiesen, daß die Kirche ihr Monopol für die Bereitstellung religiöser Symbole verloren hat. Luckmann, der ja Deutscher ist, wurde für mich deshalb so wichtig, weil er mir den Blick dafür schärfen half, daß wir uns — wenn wir Kirche meinen — mit einem viel zu eng eingegrenzten Phänomen beschäftigen.

Wer mich übrigens noch beeinflußt hat, ist Robert Bellah, Soziologe an der Universität von Kalifornien. Er hat den glänzenden Essay im »Daedalus«-Magazin über »Zivile Formen der Religion« geschrieben. Bellah hat sich die Inaugurationsreden von US-Präsidenten vorgenommen und daran die religiösen Überhänge und Rituale im Leben der Nation aufgezeigt.

Wäre es nicht originell, die antiautoritäre Bewegung in den USA als eine Art Gegenbewegung zur bürgerlichen Religiosität zu begreifen, eine Bewegung, die bereits auf eigene heilige Texte verweisen kann? Ich denke da zum Beispiel an die Redewendung: »Ich habe einen Traum« oder »Verdammt seien jene Amerikaner, die Särge bauen!«. Man könnte noch einen Abschnitt aus Marcuse und die Darstellung von Verbrennungsritualen der Wehrdienstgegner hinzufügen. Jeder Radikale muß auf der Suche nach Symbolen sein, die letztgültig, esoterisch und machtvoll genug sind, ihn vor der Vereinnahmung durch die bestehende Kultur zu bewahren.

Lloyd Warner[11] läge im gegenwärtigen Moment genau richtig. Er, der pensionierte Hochschullehrer, wird von den heutigen Soziologen nicht für voll genommen. Aber Warner entwickelte zu seiner Zeit eine brauchbare Methodenlehre zur Erforschung von Festlichkeit und Symbolik. Als erstes trieb er Studien unter den Nachfahren der Murngins im Inneren Australiens. Ein wesentlicher Kristallisationspunkt in Warners Studien ist das jährlich stattfindende Fest der Murngins, das Kunapipi.

Ich brauche Ihnen ja nicht zu sagen, wie Warner zu arbeiten pflegte. Er konnte sich an Einzelheiten richtig festbeißen bis hin zur minutiösen Beschreibung verschiedener Techniken des Sexualaktes, des rituellen

[11] Zu Lloyd Warner vgl. die Anmerkung 2 zu »Abschied von ausgedienten Leitbildern«.

Beischlafs im Vergleich zum alltäglichen. Dann kehrte Warner aus Australien zurück, um die Yankee-City-Vorlesungsreihe zu übernehmen. Im fünften Vortrag mit dem Thema »Die Bedeutung der Symbole im Leben der Amerikaner« beschrieb er die Art und Weise, wie Yankee City den 250. Jahrestag seiner Gründung feierte in enger Anlehnung an das Kunapipi-Fest. Sein Schwergewicht legte Warner weniger auf die Herleitung von Symbolen als darauf, zu zeigen, auf welche Weise sie in bedeutsame Rituale überführt wurden. An diesem Punkt liegt nämlich heute das theologische Problem schlechthin.

FRAGE: Von Schwester Mary Corita [12] – sie sollte eigentlich als Künstlerin Corita Kent bekannt sein – wissen wir ja, daß sie säkulare Symbole, z. B. Brotverpackungen nachträglich mit sakramentaler Bedeutung versieht.

COX: Coritas Arbeit ist ungeheuer wichtig. Man hat sie lediglich als eine komische Nonne mit verrückten Ideen angesehen. Aber in Wahrheit ist sie jener Typ, dem es gelingt, Schlagworte wie »Pepsi Generation«, »Come Alive« oder »Care enough to send the best« in einer Weise in den Griff zu bekommen, daß uns durch diese saloppe Art das, was dahinter steht, vertraut wird. Mit ihren Plakaten läßt sie uns zum Ausdruck bringen, daß unsere Errungenschaften – und seien es die unbedeutendsten – im Grunde heilig sind.

FRAGE: Vielleicht kann man sagen, daß die ganze Pop-Art-Bewegung eine einzige Sakramentalisierung der Umwelt ist. Der Künstler verhilft uns dazu, die Welt in einer neuen, frischen Perspektive zu sehen, so daß wir sie gewissermaßen anlachen und zum Gegenstand der Zelebration nehmen können.

COX: Ich finde das ganz toll. Corita humanisiert die Umwelt und erinnert uns gleichzeitig daran, daß die Welt – wie sie behauptet – noch unvollendet ist. Ein neues Universum steht vor der Erschaffung. Diese beiden Meisterstücke kriegt sie in ein und demselben Arbeitsgang hin. Darüber hinaus versteht sie es, Slogans, die ausschließlich zu manipula-

[12] Zu Mary Corita vgl. die Anmerkung 6 zu »Abschied von ausgedienten Leitbildern«.

tiven Zwecken herhalten müssen, mit einem ironischen Zungenschlag zu versehen.

Ich nehme an, Sie haben davon gehört, was Corita und einige Leute hier bei uns in einer Diskothek, die unter dem Namen »The Boston Tea Party« läuft, in Gang gesetzt haben. Wir nannten das Ganze: »Ein Abend mit Gott«. Alle kamen. Zu Hunderten. Ich eröffnete den Abend mit der etwas lahmen Bemerkung: »Das hier heute abend soll nicht als Gottesdienst verstanden werden.« Daraufhin rief einer von hinten: »Und es ist *doch* ein Gottesdienst!« Dann begannen die Helfer mit ihren Kettchen und Maskottchen, flankiert von zwanzig süßen Mädchen in Minikleidern, Wein und Hausmacherbrot auszuteilen. Daniel Berrigan las aus seinen Gedichten und Judy Collins steuerte ein paar Lieder bei. Corita hatte außerdem für Rockband und Lichtshow gesorgt. Bald tanzte die ganze Belegschaft in den Durchgängen. Es wurde ein voller Erfolg, vielleicht sogar über Gebühr; denn die Leute kamen nachher dauernd und fragten, wann der nächste Abend angesetzt ist. Uns kommt es nämlich darauf an, sie zur Entwicklung ihres eigenen Feierstils anzuleiten, anstatt sie zu ermutigen, sich immer wieder an uns zu klammern.

Der Mensch des nach-industriellen Zeitalters ist im Begriff, das Festliche wiederzuentdecken. Überall bei uns begegnet man in den Kirchen der spontanen Hinwendung zu Gottesdiensten in Form der Messe, begleitet von Multimedia, Jazzritualen, Volks- und Rockmusik, sowie zeitgenössischer Kunst und Tanz. Sie wissen doch, daß sich immer wieder ein John Wesley findet, dem es nicht einleuchten will, daß diese schönen Dinge ausschließlich nur dem Teufel gehören sollen.

In der Judson Memorial Kirche[13] in New York und sonstwo im Land hat man »Offenbarungen« registriert, nackte Tänzer in psychedelisch anmutendem Licht um den Altar herum tanzen sehen. Manche Leute sind aus denselben Gründen gegen die Verwendung von Gitarre und das Tragen eines Rollkragenpullovers im Gottesdienst, wie ihre Vorfahren gegen die Einführung von Pfeifenorgeln waren. Ihre Reaktion läßt sich dahin zusammenfassen, daß sie sagen: »Vorher hatten wir

13 Diese Kirche ist avantgardistisch in gottesdienstlichen Experimenten. Choreographie und Theater sind integrale Bestandteile des Gottesdienstes.

das auch nicht ...« Andere wiederum widersetzen sich den neuen Liturgien mit Festcharakter, weil sie in ihnen das jüngste Beispiel dafür zu erkennen glauben, daß das Establishment neue Einfälle dazu benutzt, systemsprengende Elemente durch die Hintertür sicher in das System zu integrieren. Ohne Zweifel ist da etwas Richtiges dran. Der kirchliche Imperialismus ist nämlich eine Dauerbedrohung. Es läßt sich einfach nicht übersehen, daß die Renaissance des Festlichen mit Händen zu greifen ist. Im Augenblick ist davon aber außerhalb der Kirche mehr zu spüren als in ihren Mauern. Aus diesem Grund wählten Schwester Corita und ich eine Diskothek und keine Kirche.

Im Augenblick arbeiten wir an einer Osterliturgie für das byzantinische Fest, das ja drei Wochen nach unserem christlichen Ostertermin liegt. Wir wollen Sachen wie »Amazing Grace« singen. Arlo Guthrie hat ja dafür gesorgt, daß dieses Stück zu einem ökumenischen Song wurde. Im übrigen werden die liturgisch erprobten Tanzgruppen in Boston dafür sorgen, daß jeder mitmacht. Auf dem Höhepunkt der Ausgelassenheit, wobei wiederum Multimedia eine Rolle spielen, wollen wir Interaktionspausen für Gruppen und Gelegenheit zur Meditation einlegen. Zu erwähnen bleibt noch die »Woodstock«-Eucharistie. Sie wird mit Wein aus irdenen Krügen und Hausmacherbrot gefeiert.

Das Ganze geht um 4 Uhr morgens los, und zwar in der »Boston Tea Party«. Um 6 Uhr ertönen dann die Trompeten, ein Hinweis auf die Wiedererweckung Jesu – wobei wir offenlassen, was dieses Ereignis für den einzelnen bedeutet. Wir verstehen das als Ausdruck der Mentalität von »bring-deine-eigene-Theologie-mit«. Am Anfang rechneten wir damit, daß nur wenige auftauchen würden. Schließlich waren es aber so viele frustrierte Protestanten und Juden, die zu uns stießen, daß wir gar nicht genügend Möglichkeiten der Mitwirkung bereitstellen konnten.

FRAGE: Ihre Vorliebe für Elemente der Sinnlichkeit ruft bei den Pfarrern natürlich eine Menge Unbehagen hervor.

COX: Was bleibt uns eigentlich zu tun übrig, wenn wir voraussetzen, daß Gott uns als körperlose Geistwesen erschaffen hat! Das ist keine neue Frage. An der Skepsis allem Karnalischen gegenüber hat die Christenheit durch ihre ganze Geschichte hindurch schwer getragen. Ich fürchte fast, wir haben die Christentumstradition in ihrer pervertierten

Form übernommen: desodoriert und von der panischen Angst besessen, am Geruch erkannt zu werden. Aus dieser Einsicht heraus habe ich das erwähnte Buch mit dem Titel »Fest der Narren« versehen, auch wenn er nicht in jeder Hinsicht angemessen ist, eine Bezeichnung, die übrigens an eine feierliche Begehung im Mittelalter anknüpft.

Damals hielt man es so, daß sich frömmigkeitsergebene Priester und die Städter anstößig wirkende Masken aufsetzten, unsagbar zotige Lieder sangen und ihre Mitmenschen mit überschäumender Lebenslust und Satire bei Laune hielten. Mit ihrem Spott machten sie selbst vor den heiligsten Praktiken in Kirche und Königshaus nicht halt. Wie bekannt, war der Sinn für Festlichkeit bei den oberen Zehntausend nicht besonders ausgeprägt, weil pure Schwelgerei als etwas durch und durch Vulgäres angesehen wurde. Als sich die Kirche dann zunehmend über die Einbuße ihrer Autorität Gedanken machen mußte, gelang es den Bürokraten, im kirchlichen Apparat, alles auszumerzen, was mit Fest und Feier zusammenhing. Zurück blieb nur noch die Erinnerung daran in Begehungen wie Fastnacht und Silvester.

Unsere zeitgenössische Art zu feiern wirkt zufällig und überspannt. Unsere Phantasie ist leicht durchschaubar, und unsere Satire entbehrt der Würze des Politischen. Unsere Feiern stellen längst keine Beziehung mehr zwischen unserem Leben und den kosmischen Vorgängen her, auch nicht zu den großen Erzählungen, die von der geistlichen Suche der Menschheit handeln. Früher jedenfalls war das noch der Fall. Wenn die Entdeckung der Tatsache, daß wir körperliche Wesen sind, eines der Risiken ist, das wir übernehmen müssen, dann scheint mir das ein niedriger und sogar angenehmer Preis zu sein.

FRAGE: Jetzt darf ich doch einmal fragen, welche Risiken Sie persönlich eingegangen sind, als Sie an den Demonstrationen der Wehrdienstverweigerer teilgenommen haben?

COX: Dazu bedurfte es erst einmal des Anstoßes von außen. Als ich zum erstenmal davon hörte, daß irgendein Typ seinen Einberufungsbescheid verbrannt hatte, war ich regelrecht entsetzt und schockiert. Bis dann vor etwa drei Jahren einige Studenten, die das gleiche getan hatten, vor dem Bezirksgericht von Süd-Boston erscheinen mußten. Sie wurden vom Mob tätlich angegriffen und belästigt, ohne daß die Polizei auch nur eingriff. Gleich am nächsten Tag schloß ich mich einer Gruppe von Demonstranten an, die für das Recht auf Polizeischutz in zukünftigen Fällen demonstrierten. Heute erscheint mir das in weiter Ferne. Ich schloß mich damals einem kleinen Häuflein von etwa 60 Leuten an – meistens junge Leute mit Bärten und Friedenssymbolen aus der antiautoritären Bewegung, unter ihnen zwei Schwarze und Theologen. Uns stand eine Menge von 300 bis 400 Passanten entgegen. Bald flogen Steine und Obst durch die Luft. Einer schwang sogar ein richtiges Schwert, mit dem er ein frisch geschlachtetes Huhn aufgespießt hatte; das Blut lief noch die Scheide hinunter. Einen Sinn für Symbolik konnte man diesem Typ gewiß nicht absprechen.

Später, an jenem Karfreitag, sprach einer von den Protestleuten in der Kirche. Der junge Mann hatte noch ein geschwollenes Auge vom Tage davor. Er brachte seine Enttäuschung darüber zum Ausdruck, daß die Polizei uns vom Mob getrennt hatte, uns von einer – für ihn gesuchten – Konfrontation mit der Menge leider zurückzuhalten verstand! Als ich das hörte, war mein erster Gedanke: Ihr könnt mir jetzt gestohlen bleiben. Verrückt seid ihr. Ich trug aber auch einen anderen Gedanken mit mir herum: Hier geht etwas vor, von dem ich nichts verstehe. Der junge Mann, der vor mir sprach, hatte trotz allem sehr viel für den unverständlichen Mob übrig. Dann war ich mit meiner Rede an der Reihe; viel brachte ich jedoch nicht heraus. Ich fühlte, daß ich an einem Wendepunkt angelangt war.

Zum Schluß erschien ein Student, von dem man wußte, daß er vor der Einberufungskommission den symbolischen Schritt nach vorn verweigern würde. Er wollte daraus keinen sterilen Akt werden lassen. Für ihn ging es dabei um zweierlei: um die Bejahung des Lebens und die Verneinung des Tötens. Von seiner Freundin ließ er sich Hausmacherbrot und Erdbeermarmelade mitbringen. Alle seine Freunde begleiteten ihn. Die Mädchen überreichten den Militärs Blumen und waren ausgesprochen festlich eingestellt. Sogar die Bürokraten hinter ihrem Pult konnten sich der Aussagekraft dieser Stunde nicht entziehen.

Solche Dinge bringen viele Erwachsene auf die Palme, nicht nur, weil sie die dahinter stehenden Ideen ablehnen, sondern in erster Linie aus Furcht davor, auf den Arm genommen zu werden. Was ihnen fremd ist, ist der Bereich des Festlichen und Feierlichen.

FRAGE: So haben Sie selbst aber noch gedacht, als Sie dem Esalen-Institut zum erstenmal einen Besuch abstatteten.

COX: Schön, aber man muß auch wissen, daß damals Allen Ginsberg dort auftauchte und über seine Erlebnisse bei der Masturbation erzählte und Gary Snyder[14] sich im Guru-Grunzen übte. Der unverwüstliche Jim Pike[15] war auch mit von der Partie, so schwierig und frustriert wie immer. Er berichtete von seinen telepathischen Kontakten mit der Welt des Unsichtbaren. Das Ganze fand bei Weihrauch und schummrigem Kerzenlicht statt. Wie niemals zuvor trat ich damals in diesem Kreis als Befürworter orthodoxer Ideen auf. Allerdings half mir das Ganze, meinen Vortragsstil von Grund auf zu ändern. Wie stolz war ich auf die Techniken, die ich in meinen Vorlesungen entwickelt hatte! Sie sagten aber nur: »Komm, setz' dich her und laß uns die Sache zusammen durchhecheln.«

FRAGE: Sie verlangen von den Sozialwissenschaften, sich an Engelfedern heranzumachen, aber Dinge wie Festlichkeit sind nicht gerade förderlich für ernsthafte Arbeit.

COX: Da bin ich anderer Meinung. Haben Sie nicht selbst Jerome L. Singers Untersuchungen über den Tagtraum herausgegeben? Zusammen mit John Antrobus stellte er fest, daß der Umgang mit Phantasie bei den Randgruppen der Gesellschaft am stärksten zu beobachten ist, mehr noch bei italienischen und jüdischen Einwanderern, am ausgeprägtesten jedoch bei den schwarzen Amerikanern. Offensichtlich findet Phantasie bei Unterprivilegierten guten Nährboden. Vom Symbolangebot der schwarzen Kirche darf man sich sehr gute Entfaltungsmöglichkeiten erwarten. Gerade weil die Welt der schwarzen Symbolik stets marginal war, hat sie den Charakter des Festlichen nicht im geringsten einge-

14 Dieser Name ist im Bekanntenkreis von Cox nicht zu lokalisieren; Snyder scheint Cox nur im Zusammenhang mit einer Sitzung im Esalen-Institut begegnet zu sein.

15 Der inzwischen auf mysteriöse Weise in Israel ums Leben gekommene ehemalige Chef der amerikanischen Anglikaner war einer der schillerndsten Figuren der neueren amerikanischen Kirchengeschichte. Pike verwarf nicht nur die Jungfrauengeburt; er glaubte auch, mit einem seiner verstorbenen Söhne über geheimnisvolle Medien telepathisch verkehren zu müssen.

büßt. Vielleicht erleben wir es noch, daß die vergleichende Religionswissenschaft ihre protestantische Fixierung auf *Texte* anderer Religionen aufgibt zugunsten der lohnenderen Erforschung religiöser *Rituale* einer Kultur.

FRAGE: Welche Aufgabe bleibt dann der Institution Kirche noch?

COX: Irgendeine Form institutionalisierter religiöser Ausdrucksform wird auf jeden Fall überleben. Der Mensch ist nämlich nicht nur ein ausschließlich religiöses Wesen, sondern in gleicher Weise mit dem Bedürfnis nach Gemeinschaft ausgestattet. Er wird sich bei Fragen, die für das Überleben so zentral wichtig sind, nicht ausschließlich auf seine Autonomie zurückziehen. Allerdings: Der verkirchlichte Typ des Christentums, der sich mit seinen Hauptquartieren in Hochhäusern eingenistet hat und Filialen in den Vororten betreibt, ist dazu verurteilt, von der Bildfläche zu verschwinden. Für mich kann das übrigens gar nicht früh genug geschehen. Allerdings: Als Folge des gegenwärtig so eindringlich angemeldeten Verlangens nach einer neuen Spiritualität wird sich irgendeine feste Form religiösen Verhaltens herauskristallisieren.

Christus ist allgegenwärtig. Gegenwärtig beginnt er, als »Christus der Harlekin« aktuell zu werden. In einer Zeit, die beide verloren hat, ist er die Verkörperung von Feier und Phantasie. Hierdurch kommt er authentischer zum Zug als in der Gestalt jenes Christus mit den süßlichen und blutleeren Gesichtszügen. Er war teils Yippie, teils Revolutionär, teils irgend etwas anderes. Am Tage seines irdischen Triumphes, am Palmsonntag, ritt er auf einem Maultier in die Stadt. In einem der frühesten Zeugnisse religiöser Kunst ist Christus als der Gekreuzigte mit einem Eselskopf dargestellt. Eine schwache, fast schon lächerliche Kirche, die in so eigenartiger Weise mit der herrschenden Ansicht ihrer Zeit nicht übereinstimmt, hat die Chance, den harlekinschen Christus erneut schätzen zu lernen.

Übersetzt von Rüdiger Reitz

V. Die Religion: Von der Knechtschaft zur Befreiung

Bereits im Spätjahr 1970 war die Subkultur mit ihren »religiös« anmutenden Nebenwirkungen kein zentrales Thema mehr für Cox. Durch die Phasenverschiebung in der allgemeinen kulturellen Entwicklung zwischen Amerika und Europa kommt das Thema des folgenden Beitrags gerade zum richtigen Zeitpunkt. Im deutschsprachigen Raum ist die Auseinandersetzung mit der »Religiosität« der Jugendbewegung inzwischen abgeschlossen. Was wird jetzt »in« sein?

Für Cox war diese Frage etwa zum Zeitpunkt des V. Salzburger Humanismusgespräches beantwortet. Nach einer Periode, wo es vor allem galt, den Leuten den eskapistischen Charakter der Religion im Zuge der Jugendbewegung klarzumachen, wandte er sich verstärkt der Frage zu, welches die emanzipatorische Rolle der Religion im global weiten Befreiungskampf der Menschheit ist. Die hier im vollen Wortlaut abgedruckte Rede vor dem Kongreß in Salzburg gehört zum Besten, was Cox in der internationalen theologischen Diskussion produziert hat.

Bis vor relativ kurzer Zeit konnte man sagen, daß sich in den Kreisen der westlichen Intellektuellen die Geschworenen bereits versammelt und nach kurzer Überlegung das Urteil über die Zukunft der Religion gefällt hatten: die Religion war schuldig, daher sollte und würde sie von der Bildfläche verschwinden. Ihr Verbrechen: Verhinderung der menschlichen Befreiung. Da sich die Jury noch immer im Fahrwasser der Geistesrichtungen befand, die während der vergangenen zwei Jahrhunderte entstanden waren, kam sie überein, daß die Religion, welche augenscheinlich ein antiquierter Rest aus einer vergangenen Menschheitsepoche war, aufgehört hatte, einem humanen Zweck zu dienen. Sie befand sich im Aussterben.

Schien dieses Urteil auch hart, so ist es doch zumindest nicht unbegreiflich. Schließlich waren die hervortretendsten Gedanken der beiden vergangenen Jahrhunderte die *Aufklärung* und die *Emanzipation*. Wenn wir die beiden Begriffe zusammenschließen, erhalten wir den beide umfassenden Begriff der *Befreiung*. Die Religion betrachtete man als die natürliche Feindin des Menschen in seinen Bemühungen, sich von Unwissenheit und Unterdrückung zu befreien.

Zugegeben, es steht keineswegs fest, daß die Mehrzahl der Menschen heute entweder aufgeklärter oder emanzipierter ist als angenommen im Jahre 1770. Der Mensch zeigt eine verblüffende Fähigkeit, sich neue Fesseln zu schmieden und sich mit neuem Aberglauben zu belasten. Aber das stellt in keiner Weise die Tatsache in Abrede, daß in allen Sphären unseres Lebens die *Befreiung* das Leitmotiv unserer Epoche war. Dieser dynamische Gedanke der *Befreiung* hat unsere zeitgenössische Beurteilung der Religion am stärksten beeinflußt. Voltaire sagte es laut für viele ängstliche Gemüter, als er erklärte, daß die Menschheit so lange nicht frei sein werde, bis der letzte König mit den Eingeweiden des letzten Pfaffen erwürgt sei oder gegebenenfalls umgekehrt.

Die zwei einflußreichsten Urteilsaussagen über die Religion kamen von Marx und von Freud. Ihre allseits bekannten Kritiken der Religion beeinflussen trotz Hunderter überzeugender und weniger überzeugender Widerlegungen noch immer unsere heutige Auffassung von der Religion. Unsere Epoche ist in ihrer Haltung gegenüber der Religion im großen und ganzen noch immer marxistisch und freudianisch. Wir verdächtigen die Religion, ein Mittel der Ungerechtigkeit und der sozialen Kontrolle (Unterdrückung) zu sein, oder wir verdächtigen sie der Neurose und der persönlichen Unreife (Repression). Sie ist Opium oder Illusion oder ein wenig von beiden. Weder Marx noch Freud verwandten viel Zeit an Spekulationen über ihre Zukunft. Aber auf den wenigen Seiten, auf denen sie sich den Luxus einer Voraussage leisteten, prophezeite ein jeder das Verschwinden der Religion in dem Maße, als der Mensch individuelle und korporative Freiheit erlange. Sie hatten geteilte Auffassungen über den Charakter der emanzipierten Zukunftswelt, aber sie stimmten darin überein, daß es eine Welt ohne Religion geben werde.

Die Ansichten waren unter den Intellektuellen (mit einigen wenigen, aber sehr wichtigen Ausnahmen) bis vor kurzem sehr weit verbreitet. Aber nun beginnt man das Urteil der Jury anzuzweifeln. Die Vorstellung der Religion als einer Form der Sklaverei wird in weiten Kreisen bezweifelt. Einer der Gründe für diesen dramatischen Wandel ist, daß sich sowohl das marxistische als auch das psychologische Gedankengut beträchtlich über die Ideen ihrer Gründer hinaus weiterentwickelt haben. Ein anderer ist der, daß sich die christliche Theologie und die Phänomenologie der Religion ebenfalls merklich gewandelt und entwickelt haben. Diesen beiden Wandlungen liegt die einfache Tatsache zugrunde, daß die empirische Erfahrungswelt die These, Religion habe hauptsächlich die Aufgabe, die Menschen in sklavischer Fügsamkeit und eingeschüchterter Unreife zu bewahren, ganz einfach nicht bestätigt. Kurz gesagt, die Frage nach der Zukunft der Religion ist wieder offen. Wir wissen nicht, wie diese Zukunft aussehen wird, aber wir wissen, daß uns die Lösungen des 19. und des frühen 20. Jahrhunderts nicht mehr plausibel erscheinen. Warum?

Religion und Ausbeutung

Unsere ererbten intellektuellen Vorurteile über die Religion als ein Hilfsmittel des Unterdrückers können heute durch empirische Erfahrungstatsachen nicht gestützt werden. Religiöse Gedanken und von religiösem Glauben erfüllte Personen haben einen spezifischen Beitrag zur Emanzipationsbewegung unserer Zeit geleistet. Gandhi ist dafür das hervorstechendste Beispiel. Außerdem haben wir noch den buddhistischen Widerstand gegen den französischen und amerikanischen Kolonialismus in Südostasien. Es gibt in Afrika energische antikolonialistische Eingeborenenkirchen, und es gab Eduardo Mondlane, den ermordeten Christenführer der Mozambique National Liberation Front. Sowohl Malcolm X als auch Martin Luther King waren ebenso tief religiös wie Dom Helder Camara, der Bischof von Recife und Olinda, Führer der gewaltlosen Bewegung zur Gesellschaftsveränderung im gefolterten Brasilien. Ja, der im Exil lebende Politiker Marcio Moreiero Alves schreibt, daß bei der Machtergreifung der gegenwärtigen Junta in Brasilien auf einen eingekerkerten Kommunisten vier Katholiken kommen.

In Lateinamerika und vielen anderen Ländern auf dieser Welt können die Reichen und Mächtigen nicht mehr auf die Kirche als ihren dienenden Verbündeten rechnen.

Auch die heutigen Schriftsteller in den Vereinigten Staaten stellen häufig fest, daß weder die wachsende »Neue Linke« noch die mit ihr verwandte (»Hippie«-)Jugendbewegung die antireligiösen Gefühle zeigen, welche für Sozialisten und Bohemiens vor 35 Jahren typisch waren. Diejenigen, die heute auf einen radikalen Wandel zur Befreiung von Entfremdung und Ausbeutung hinarbeiten, lehnen die Religion nicht mehr von vornherein als eine Feindin ab. Sie betrachten sie vielmehr als eine Verbündete oder potentielle Verbündete. Während ich diese Zeilen schreibe, ist P. Daniel Berrigan, ein Jesuitenpriester und Dichter, die dramatischste Personifikation des gewaltlosen Widerstandes gegen den Vietnamkrieg. Religion kann man nicht einfach mit Unterdrückung gleichsetzen, und ganz offensichtlich gibt es gefährliche Arten menschlicher Unterdrückung, die wenig mit Religion zu tun haben.

Religion und persönliche Verdrängung

Was für die soziale Unterdrückung gilt, gilt auch für die persönliche Verdrängung. Eine neue Generation von Therapeuten ist weit weniger bereit, der Religion die schurkische Rolle der Widersacherin des persönlichen Ausdrucks zuzuschieben. Einige behaupten sogar, die kennzeichnende Neurose unserer Zeit sei keineswegs Verdrängung und Schuld, sondern Anomie und Bedeutungslosigkeit, welche zum Teil durch die Loslösung von religiösen Überzeugungen und Ritualen verursacht werden.

Die Psychologen Erik Erikson und Rollo May sind typische Vertreter dieser post-freudianischen neuen Wertbestimmung der Religion. Eriksons ausgezeichnete Arbeit über den jungen Luther demonstriert, wie die Selbstfindung in der Entwicklung zu einer faszinierenden Persönlichkeit von religiösen Symbolen genährt wird. Nirgendwo spricht Erikson die Vermutung aus, daß die Religion für Luther oder für irgend jemand anderen nur verdrängend oder negativ sei. Rollo May stützt sich in seiner gut durchdachten Kritik der Psychoanalyse (in »Love and Will«) in starkem Maße auf die theologischen Gedanken Paul Tillichs, besonders auf Tillichs Einsicht, daß religiöse Symbole den Menschen mit den stärksten kreativen und destruktiven Impulsen des Lebens verbinden. Da die Neurosen der Gegenwart genauso oft in der Anomie und der Bedeutungslosigkeit wurzeln wie in der Verdrängung, glauben manche Psychologen, daß religiöse Symbole auf die meisten Menschen einen positiven Einfluß ausüben.

Vielleicht sollte man Vorsicht üben, wenn Psychotherapeuten plötzlich die Religion mit wohlwollenden Augen zu betrachten beginnen. In einigen Fällen sind die von diesen weltlichen Beichtvätern und Schamanen gewobenen Mythen und Rituale destruktiver als die von ihnen ersetzten religiösen. Ich erwähne die von psychologischer Seite veränderte Werturteilung der Religion nicht, um die Psychiater in die Arme zu schließen, sondern um die Tatsache, daß die Frage der Religion wieder offen ist, zu illustrieren.

Es gibt noch einen anderen Grund, wieso die klassische Freudsche Gleichsetzung Religion = Verdrängung allgemein beiseite geschoben wird. Freuds Kenntnisse der Religion waren nämlich ziemlich beschränkt. Obwohl er einige wenige Untersuchungen über Naturreligionen las, gibt es in seinen eigenen Publikationen wenig, das mehr als die im damaligen Wien vorherrschende viktorianische Religionskonzeption widerspiegelt (mit Ausnahme des Werkes »Der Mann Moses und die monotheistische Religion«).

Wie jedoch Philip Rieff betont, beginnt Religion ebenso mit der Orgie wie mit der Ordnung. Rieff meint mit »Orgie« nicht nur den sexuellen Aspekt, sondern eine von der Gesellschaft gutgeheißene Gelegenheit für »expressive« Verhaltensweisen, einige akzeptierte Zeiträume, während deren gewisse Normen gelockert werden und während deren verdrängte Elemente der individuellen und kollektiven Psyche direkt und nicht auf dem Weg unaufrichtiger Sublimierungen ihren Ausdruck finden. Übrigens ist ja die *fiesta* genauso eine religiöse Angelegenheit, wie es die Messe ist. Die Tendenz, Religion als verdrängend zu betrachten, stammt zum Teil von einem gelehrten Vorurteil, das uns dazu brachte, Religion mit klerikal dominierter Religionsausübung zu identifizieren. Wenn es auch richtig wäre, daß klerikal geleitete religiöse Riten eine verdrängende Funktion hätten (was ich verneine), trifft dies auf die meisten Ausdrucksformen der »Volksreligion« nicht zu.

Es gibt noch einen Grund, warum die Freudsche Ablehnung der Religion heute nicht mehr so plausibel erscheint. Die Psychologen betrachten religiösen Kultus unter Einschluß von verschiedenen Formen der Meditation und der Ekstase häufig als ein Beispiel der »Retrogression«, das heißt als temporäre Rückkehr des Individuums zu vergangenen Entwicklungsphasen seiner Persönlichkeit. Das schien natürlich eine Verhaltensform zu sein, die reife, denkende Menschen auf alle Fälle vermeiden mußten. Heute wissen wir hingegen, daß solche Perioden der Retrogression für einen gesunden Menschen nicht nur nützlich, sondern sogar essentiell sind. Sie ermöglichen es ihm, verschiedene Aspekte seiner Lebensgeschichte wieder zu erleben, mit denen er sonst jede Beziehung verlieren würde, und zwar häufig auf einer Ebene intensiven Fühlens. Heute betrachtet man das Zungenreden, das Essen und Trinken von Gottessymbolen, Trancezustände, Mystizismus, Ekstase und andere Formen ungewöhnlicher Erlebnisse nicht mehr mit dem Ausdruck der Verabscheuung, die sie früher hervorriefen. Schließlich besteht die Psychotherapie zum Teil darin, daß den Patienten geholfen wird, verlorengegangene Kontakte mit begrabenen Dimensionen ihrer Psyche wiederherzustellen. Aus dieser Sicht ist derjenige, der unfähig ist, sich »gehen zu lassen« und die mit religiösen Ritualen verbundenen erhöhten Gefühlsstadien zu erleben, ganz und gar nicht gesund, im Gegenteil, er kann in einem engen Bereich gefangen sein, in dem es nur streng erkenntnismäßige Wege der Welterfassung gibt. Gerade wegen dieser gefühlshaften und vorbewußten Aspekte, um deretwillen Religion so lange verachtet wurde, kann sie dem Menschen ein Mittel zur Verbreiterung und Vertiefung seines Bewußtseins sein. Freud schloß sich hier Marx an; beide sahen sehr klar einen Aspekt der Religion, aber versagten fast vollkommen, die anderen zu begreifen.

Es zeigt sich, daß die Religion ein viel komplexeres Phänomen ist, als ihre Kritiker und Verteidiger der letzten Jahrhunderte vermuteten. Obwohl einige veraltete Ausdrucksformen der Religion in Vergessenheit gerieten und obwohl die organisierten Kirchen heute weniger direkten Einfluß auf die Gesellschaft und Kultur ausüben als einst, zeigt die Religion keine Anzeichen des Aussterbens. Zur großen Verblüffung orthodoxer Marxisten ist sie in den Ländern Osteuropas und der UdSSR nicht verschwunden. Es gibt tatsächlich hier und dort Anzeichen, daß sie auf junge russische Intellektuelle eine wachsende Faszination ausübt. In Afrika breiten sich die neochristlichen Eingeborenenkirchen mit unglaublicher Geschwindigkeit aus. Dasselbe gilt in Brasilien für Umbanda, die afro-katholische, synkretistische Bewegung. In den USA werden junge Menschen von Yoga, Astrologie, Naturreligionen, Trancen und dem Wiedererstehen von Ritualen gefesselt. In Japan werden jedes Jahr neue religiöse Bewegungen ausgebrütet. Die talentiertesten Filmproduzenten der Welt – Bergman, Fellini, Pasolini, Buñuel – kehren immer und immer wieder zu ausgeprägt religiösen Themen zurück. Auch in der klassischen Musik, der Schlagermusik und anderen Künsten kann diese religiöse Renaissance aufgezeigt werden.

Was bedeutet diese unerwartete religiöse Renaissance des späten 20. Jahrhunderts für die zukünftige Rolle der Theologie? Die allererste Antwort auf diese Frage ist, daß die Theologie sich nicht mehr in erster Linie auf die »Kirchenreligion« konzentrieren darf. Ein großer Anteil an der gegenwärtigen Wiedergeburt der Religion spielt sich außerhalb, ja sogar *gegen den Willen* der organisierten Kirchen ab. Das heißt aber nicht, daß sich innerhalb der Kirchen nichts an religiöser Relevanz ereignet. Ich behaupte auch nicht, daß die in der gegenwärtigen Zeit entstehenden Mythen und Rituale heilsam sind. Viele von ihnen sind unterdrückend und schädlich. Aber eine Theologie, die sich in erster Linie auf die Kirchen konzentriert, wird notwendigerweise vieles für die heutige Zeit religiös Signifikantes übersehen.

Die Theologie ist die Lehre von der kritischen Auslegung und Einschätzung der Religion. Ähnlich wie die Literaturwissenschaft ist sie eine derivative Disziplin. Sie bringt nicht jene Formen hervor, die sie als

Objekte der wissenschaftlichen Betrachtung studiert. Die Theologen sind bemüht, die liturgischen Ausdrucksformen und die dogmatischen Formulierungen einer religiösen Gemeinschaft zu verstehen und zu klären. Aber ihre Bemühungen sind nicht *nur* deskriptiver Natur. Da die Theologie (im Gegensatz zum Beispiel zur Soziologie der Religion) innerhalb einer deutlich abgegrenzten Glaubensgemeinschaft wirkt, ist sie in unapologetischer Weise »normativ«. Der Theologe beurteilt das Objekt seiner Analyse im Licht einer Tradition.

Wird die Theologie durch diese wertende Stellung zur Engstirnigkeit und zum Provinzialismus verdammt? Diese Beschuldigung wurde in der Vergangenheit oft vorgebracht, aber ihre Fundierung kann ich nicht akzeptieren. Die Normen der Theologie sind zumindest explizit und nicht hinter der Rhetorik einer wertfreien Analyse verborgen, die ihre eigene Engstirnigkeit mit Provinzialität so lange vor den westlichen Sozialwissenschaften verbergen konnte. Deutliche Quellen, Ziele und Voraussetzungen zu haben heißt noch lange nicht, daß die Theologie engstirnig ist. Sie kann sogar als Vorbild dienen, wie eine Humanwissenschaft operieren soll.

Aber ist nicht die Theologie, die ja das kritische Selbstbewußtsein einer *individuellen* Religionsgemeinschaft ist, aus eben diesem Grund unvermeidlich provinziell? Es gibt auf der Welt fünf oder sechs lebende religiöse Haupttraditionen, ganz zu schweigen von ihren unzähligen Sekten und Untergruppen. Kann ein innerhalb einer dieser Gruppen operierender Theologe den anderen gerecht werden? Ich glaube, ja. Das *Objekt* der theologischen *Betrachtung* verschiebt sich heute von der ausschließlichen Beschäftigung mit »Kirchenreligion« zu einem Interesse an religiösen Phänomenen, an Mythen, Riten und Helden in der Gesamtheit der Kultur, aber auch die *Quellen* ihrer *Normen* sind in Veränderung begriffen. Sie werden *universeller.* Das zeigt sich ganz deutlich zum Beispiel innerhalb der christlichen Tradition. Die »Konfessionstheologie« ist tot oder wird es bald sein. Die einzige gültige »christliche Theologie« ist heute die *ökumenische,* und zwar nicht in den Themen, die sie diskutiert, sondern in ihren Quellen. Aber sogar das ist nicht genug. Heute erkennen die Theologen, daß es so etwas wie ein universales religiöses Bewußtsein gibt, daß dieses getrennte, wenn auch sich überlappende Formen voraussetzt, daß aber ein Theologe nicht mehr nur einer Glaubensgemeinschaft verantwortlich sein kann. Dies würde ihn nur an eine auslaufende Vergangenheit fesseln. Er muß Wege finden, seine kritische Tätigkeit in bewußter Verantwortung für eine weitere, in großem Maße unterschiedliche, ja weltweite Glaubensgemeinschaft auszuüben. Die individuelle Tradition, aus der er seine kritischen Quellen bezieht, muß schließlich mit dem religiösen Leben der ganzen Menschheitsfamilie in Bezug gebracht werden. Das soll aber wiederum nicht heißen, daß die vielfältige Individualität einer lebendigen Tradition in einem universalen »Brei« aufgeht. Das Ideal einer abstrakten, universellen, von keiner konkreten Geschichte gefärbten Wissenschaft soll nicht als Vorbild für die Theologie gelten. Vielmehr bewegt sich die Theologie dialektisch zwischen der Individualtradition, aus der sie stammt, und dem heterogenen religiösen Bewußtsein der Menschheit.

Heute weitet die Theologie sowohl ihre Quellen als auch ihren Interessensbrennpunkt aus. Aber sie hört nicht auf, in ausdrücklicher Form Werturteile zu fällen, anstatt sich in reiner Deskriptivität zu erschöpfen. Sie will die Geister nicht nur beschreiben, sondern »sie prüfen und sehen, ob sie aus Gott stammen«. Nun müssen wir uns fragen, wie diese neu entstehende Aufgabenstellung der Theologie mit der historischen Entwicklung der Religion »von der Knechtschaft zu Befreiung« in Verbindung steht.

Theologie und Befreiung

Einer der beiden Pole des christlichen Denkens ist die jüdisch-christliche Tradition. Die zwei Mittelpunkte dieser Tradition sind Exodus und Ostern. Der erste, Exodus, symbolisiert die Befreiung der Menschen aus politischer und wirtschaftlicher Knechtschaft. Der zweite, Ostern, bestätigt die Befreiung von »Sünde« (das, was den Menschen an die Vergangenheit kettet) und »Tod« (das, was ihn an der Zukunft ängstigt). In der christlichen Theologie wächst die Übereinstimmung darüber, daß sich Gott Seite an Seite mit den Menschen bemüht, sie von allen Fesseln zu befreien. Diese Theologie exemplifiziert sich am lebendigsten im Denken Teilhard de Chardins und in den jüngeren Bewegungen der politischen Theologie der Hoffnung und, besonders in Lateinamerika, in der »Theologie der Befreiung«. Die Befreiung des Menschen wird folglich als der Sinn des Christentums betrachtet, und wenn die Theologie dem Sinn des Glaubens dienen soll, muß auch sie sich auf die Befreiung des Menschen hin ausrichten.

Mit wachsender Einstimmigkeit über die dringende Verantwortung der Religion wird es auch klar, daß sich die Fragen und Methoden der Theologie ebenfalls ändern. Die Theologen haben sich von der Faszination des 19. Jahrhunderts durch das »Wesen« des Christentums gelöst. Sie fragen jetzt häufiger nach seiner Rolle, seiner Funktion und seinem Einfluß. Das heißt aber nicht, daß die modernen Theologen die soziologische Theorie des »Funktionalismus« kritiklos akzeptieren. Es legt sich vielmehr nahe, daß die Bedeutung des Christentums nun nicht mehr in irgendeiner zeitlosen »Essenz« liegend gesehen wird, sondern vielmehr darin, wie das Christentum im Lauf der Geschichte im konkreten sozialen und politischen Leben wirkte. Die kritische Frage, die nun die Theologen bei einem Gedanken, einer Vorstellung oder einer Institution stellen, ist die, wie sie sich praktisch auswirkt und was sie für oder wider die Befreiung des Menschen tut. Die Richtigkeit einer Doktrin hängt nicht von ihrem logischen Zusammenhang mit alten Formulierungen ab, sondern von ihrem Beitrag zur Befreiung von der Knechtschaft (Exodus) und Hinführung zum neuen Leben (Ostern); und dies ist ein Vorgang, der niemals völlig abgeschlossen sein wird.

Aus dieser Perspektive muß jede gegenwärtige Zeremonie und jede Lehre, egal, ob sie noch so schön zu einer orthodoxen Vergangenheit paßt, in Frage gestellt werden, wenn sie zum Fortbestand der Knechtschaft beiträgt, denn sie leitet den Impuls von Exodus und Ostern nicht mehr weiter. Sie ist »häretisch«; in ähnlicher Weise schafft diese theologische Methode Platz für Neuerungen. Neue religiöse Gedanken und Praktiken werden nicht mehr abgelehnt, nur weil sie neu sind. Sie werden entsprechend der Exodus-Ostern-Achse beurteilt: tragen sie zum volleren Bewußtsein, zur Reife und Befreiung des Menschen bei? Wenn die Frage in dieser Weise gestellt wird, erhalten einige Dinge, die zuerst archaisch oder unvernünftig erschienen, eine befreiende Funktion. Ein altes Volkslied kann die Macht des technisierten Jargons brechen. Eine phantasievolle utopische Vision kann die langweiligen Pläne der Sozialingenieure untergraben.

Dieses kritische theologische System besitzt gegenüber früheren Methoden des Theologismus einige Vorteile. Aus dem Exodus-Ostern-Blickpunkt können neue Entwicklungen aller religiösen Richtungen beurteilt werden, nicht nur innerhalb des Christentums auftauchende. Denn obwohl die christliche, jüdische und islamische Religion zumindest rhetorisch mehr aus dem Exodus machen als andere Religionen, besitzt doch keine von ihnen ein Monopol auf die Realität der Befreiung und eines neuen Lebens. Die Realität von Exodus und Ostern kann oft sogar vollkommen außerhalb der Grenzen dieser Traditionen oder überhaupt jeder bewußten religiösen Tradition festgestellt werden. In gewissem Maße bewahrt so die »Befreiungstheologie« die christliche Theologie vor Provinzialismus.

Sie schützt die Theologie auch vor dem *Elitismus.* Wenn die tatsächliche Tragweite eines religiösen Gedankens darin liegt, was an ihm entscheidend ist, und nicht nur darin, was geschrieben, gepredigt oder gelehrt wird, kann der Brennpunkt der Theologie nicht mehr nur klerikal sein. Die Lebenspraxis gewöhnlicher Laien aller religiösen Richtungen wird genauso wichtig wie die Lehre des Magisteriums.

Die Theologie der Befreiung schützt die Theologie auch vor dem *Kirchentum.* Wenn die Entfaltung des menschlichen Selbstbewußtseins und seine volle Befreiung die zur Debatte stehenden Punkte sind, so wird klar, daß diese nicht nur innerhalb eines »religiösen« Rahmens unterstützt oder hintangehalten werden. Die Theologie nährt eine wertende Perspektive alles Menschlichen.

Wir haben nun das Verhältnis der christlichen Theologie zur Befreiung vermittels ihres partikularistischen Pols, nämlich der biblischen Tradition, skizziert. Wie verhält es sich nun mit dem anderen Pol, dem Religionsbewußtsein der Menschheit? Wie beeinflußt er die theologischen Auffassungen von der Befreiung? Es geht hier ganz einfach um die Frage, was man unter der Befreiung der Menschen überhaupt versteht. Offensichtlich gibt es darüber in den lebendigen Religionen keine Übereinstimmung. Im Gegenteil, ganz verschiedene Vorstellungen von Freiheit stehen zueinander in Opposition. Zwischen Buddhisten, Hindus, Christen und anderen gibt es augenscheinlich beträchtliche Uneinigkeit bezüglich der Frage, was menschliche Befreiung bedeutet. Aber es gibt nicht nur Divergenzen, sondern auch wichtige Elemente der Übereinstimmung, komplementäre Einsichten, Gebiete der Konvergenz und wertvoller Korrekturen. Die Entwicklung der Religion von der Knechtschaft zur Befreiung soll keinen synkretistischen Weltglauben hervorbringen. Aber sie bietet eine Plattform für den Dialog und wechselseitige Gespräche.

Den Theologen, dessen Individualpol das Christentum ist, erinnert der universelle Pol dauernd daran, daß seine Vorstellungen von der Befreiung in keiner Weise allgemein- und endgültig sind. Sie sind innerhalb einer bestimmten Geschichte entstanden und tragen den Stempel dieser Entwicklung. Ohne Individualpol stapft der Theologe in einem unsicheren Sumpf eines vagen globalen Religionsbewußtseins herum, genauso, wie er ohne universellen Pol von einem letztlich erstickenden Provinzialismus gefangen wird. Ähnlich wie das Nebeneinander zweier verschiedener Melodien halten und bewahren die beiden Pole die Theologie abgestimmt und aufmerksam. Keine zukünftige Theologie wird ohne die Disziplin und Freude dieses Pendelns zwischen den beiden Polen auskommen, vor allem dann nicht, wenn sie der ernstgemeinten Befreiung des *homo sapiens*, und nicht nur der des westlichen Menschen, dienen soll.

Zusammenfassung

Die Massen haben viele Opiate, ebenso die Intellektuellen. Die Religion wurde oft ganz richtig als eines dieser Opiate diagnostiziert. Aber es gibt auch viele andere. Es gibt auch viele Katalysatoren für die menschliche Reifung und Freiheit. Die Religion war manchmal einer unter ihnen. Obwohl die Religion in der Geschichte beide dieser Funktionen auf den Menschen ausübte – sowohl die grausame Herrschaft des Tyrannen zu sanktionieren als auch den Bauern zur Revolution aufzuwiegeln –, wurde ihre Funktion gegenüber der Befreiung von den Theologen kaum bemerkt, hauptsächlich deswegen, weil sie an anderen Dingen interessiert waren. Allerdings hat sich das jetzt alles geändert.

Die Frage nach der konkreten Aufgabe des Glaubens ist nun von der Peripherie in das Zentrum des Interesses gerückt. Von nun an wird das Hauptziel kritischen theologischen Denkens die Entwicklung der Religion von der Knechtschaft zur Befreiung sein.

VI. Acht Thesen zur Befreiung der Frau

Das beherrschende Thema, das Cox in Salzburg angeschlagen hat, die emanzipatorische Rolle der Religion, erfährt hier seine Fortführung. Cox hatte längst damit begonnen, Experimente mit einem neuen Lebens- und Wohnstil anzustellen. Er war entschlossen, die Kleinfamilie hinter sich zu bringen und im Bereich des Privaten Selbstbefreiung zu üben.

Die »Bewegung zur Befreiung der Frau« (Women's Liberation Movement) gab ihm Anlaß, seine Rolle als Mann angesichts der Frauenemanzipation zu überprüfen. Die folgende Thesenreihe erschien im Spätjahr 1971 in der liberalen Wochenschrift »Christianity and Crisis«.

Theologische Präambel: Gottes Ziel für die menschlichen Lebewesen im Kosmos heißt, deren Befreiung und Entfaltung zu fördern; und für die übrige Schöpfung: zur uneingeschränkten Teilnahme am ekstatischen Universum von Liebe und Freude zu ermutigen. Die Befreiungsbewegungen unserer Tage – Kolonialvölker, Schwarze, Bauern, Frauen, und sogar die Natur, angefangen von ihrer Ausbeutung bis hin zur Habsucht des Menschen – sind so etwas wie die Geburtswehen in diesem universalen Vorgang. In diesem Sinne singen Christen mit fester Stimme von diesen Aufständen, kämpfen an vorderster Front und erkennen in ihrem Zorn und in ihrer Sehnsucht die unübersehbaren Signale einer heraufziehenden neuen Ära.

These 1: Keine Gesellschaft kann wahrhaft menschlich sein, geschweige denn die Voraussetzung für den Genuß der reichen, unerschlossenen Kontingente menschlicher Potenzen gewährleisten, solange es Institutionen gibt, in denen eine bestimmte Gruppe dominiert, manipuliert oder andere unter Kontrolle zu bringen versucht. Es ist traurig genug, daß es bisher keiner sozialistischen Revolution gelungen ist, die Kulturherrschaft des Mannes über die Frau zu beseitigen. Auch die kapitalistische Gesellschaft ist an diesem Punkt keinen Schritt weitergekommen.

Meine Hoffnungen knüpfen sich an die Errichtung einer Gesellschaftsordnung jenseits des Sozialismus. Ich denke an eine Sozialstruktur, die uns nicht nur vom Geifern nach Macht und Eigentum befreit, sondern in gleicher Weise von dem Verlangen nach der Beherrschung anderer Menschen. Aus diesem Grunde halte ich eine wie auch immer geartete Spielform des Sozialismus für eine notwendige, wenn auch nicht ausreichende, Voraussetzung im Kampf um die Befreiung der Frau und des Menschen schlechthin.

THESE 2: Die Unterdrückung der Frau ist zweifellos die älteste und vielleicht hartnäckigste Form des Feudalismus. Er durchsetzt alle sozialen Systeme mit dem Bazillus des Chauvinismus, jener Infektion, die sich in den Rassenunruhen fortpflanzt und in den Wirtschaftskalifaten, von denen die Dritte Welt ausgebeutet wird, wuchert. Und was noch schwerer wiegt: Diese unechte Hegemonie wurde von jeher durch Theologie, Liturgie und Kirchenpolitik sanktioniert. Gott und Jesus werden ja beide als männliche Wesen angesehen. Sogar der arglose Heilige Geist erfährt die Bezeichnung »ER«, und zahlreiche Kirchen, voran die Römisch-Katholische, bestehen weiterhin auf dem Ausschluß der Frau vom Priesteramt.

Es überrascht mich nicht, daß das Symbol, um das sich unterdrückte Indianer und Campesinos immer wieder im Verlauf der Geschichte scharten, das blaue Banner »Unserer Dame von Guadelupe« gewesen ist. Vielleicht ist eine neue Mariologie, und nicht Eschatologie, die genuine Quelle einer Theologie der Befreiung.

THESE 3: Wie in jeder Befreiungsbewegung der Geschichte muß die Befreiung der Frau prinzipiell von den Frauen selbst in die Wege geleitet werden. Kein Unterdrücker tritt nämlich seine Macht – oder was auch immer er dafür hält – freiwillig an seinen aufsässigen Vasallen ab.

Welche Rolle kann nun der Mann bei der Emanzipation der Frau spielen? Zunächst einmal müssen wir Männer damit fertig zu werden versuchen, daß wir uns im Grunde vor dieser Entwicklung fürchten. Der Abbau dieser Furcht ist ein unumgänglicher Schritt auf dem Wege einer ernsthaften Einschätzung dieser Entwicklung. Erst danach können wir uns erlauben, Spekulationen darüber anzustellen, wie großartig es doch für uns alle wäre, wenn Frauen wirklich frei leben könnten und die weiblichen Impulse im Mann uneingeschränkt zur Entfaltung kämen, anstatt im Verhältnis 2 : 1 ausgetrickst zu werden.

Zumindest sollten wir Männer nicht dadurch im Wege stehen, daß wir die Befreiung der Frau *aufhalten*, verharmlosen oder spalten (indem wir uns beispielsweise der Diskretion schwarzer Frauen erfreuen oder in der Art und Weise, wie Swinger und bürgerliche Leute ihre Sträuße miteinander ausfechten). Wir können viel dazu beitragen, daß die Befreiung der Frau nicht als lächerlich abgetan wird. Manchmal glaube ich sogar, daß die entscheidende Waffe des Mannes, nämlich von den Frauen züchtiges Verhalten zu fordern, in dieser Art von Spott besteht. Aber glaubt mir, Brüder, unsere Schwestern scheinen jetzt Ernst zu machen. Das Ganze ist nicht mehr länger nur lächerlich.

THESE 4: Wir befinden uns heute nicht zuletzt deshalb inmitten einer Bewegung zur Befreiung der Frau, weil die Stunde für die Verwirklichung voller menschlicher Freiheit gekommen ist. Die Idee dazu ist ja schon seit geraumer Zeit vor unseren Augen.

Obwohl das Christentum in seiner Praxis oft Anlaß zur Kritik gegeben hat, ging von ihm ein unschätzbarer Beitrag zur Ausbreitung der Freiheitsidee aus. Das halte ich für bedeutsam. Wer einzig und allein das Christentum für den männlichen Chauvinismus verantwortlich macht, sollte sich darüber aufklären lassen, welche Rolle die Frau im Islam, im Hinduismus und sogar im Judentum spielt (vielleicht kommt es für 1972 zur Ordination des ersten weiblichen Rabbiners). Das Versagen des Christentums an diesem Punkt scheint deshalb anstößiger zu sein, weil zwischen dem theologischen Anspruch und der praktischen Verwirklichung eine einschneidende Trennung besteht.

Wie dem auch sei: Eine vertraute Idee ist jetzt in Gestalt der Emanzipationskampagne der Frau in jene unwiderrufliche Entscheidungsphase getreten, wo sie nicht mehr länger nur ein bloßer Einfall bleibt. Die Widersprüche zwischen der Emanzipationsidee und ihrer Verwirklichung sind so offenkundig, daß niemand ernsthaft das Gegenteil behaupten kann. Natürlich wird sich die Opposition zu Wort melden, sehr viel nachdrücklicher als die meisten Frauen sich das klarmachen (hauptsächlich deshalb, weil der monströse männliche Herrschaftsapparat die Bewegung zur Befreiung der Frau im Grunde gar nicht ernst nimmt). Aber wenigstens an diesem Punkt hatte Carlyle[1] recht, wenn er behauptete: »Eine Idee, deren Stunde gekommen ist, ist mächtiger, als eine ganze Armee mit wehenden Fahnen«.

THESE 5: Die neuerdings geäußerte Ansicht, die Frau solle hauptberuflich Frau und Mutter sein – eine in der Tat befremdende These – läßt sich daraus ableiten, daß im Spätkapitalismus mit seiner hoch entwickelten Technologie der Bedarf an Arbeitskräften rückläufig ist.

Frauen sind es, die für die Rekrutierung einer zusätzlichen Armee von Arbeitskräften sorgen. Die unbesorgte TV-Hausfrau, deren ganzer Sinn danach steht, wie sie ihre Wäsche noch weißer und den Kuchen noch lockerer hinkriegt, kann mühelos in Rosey Riveter mit dem Managerflair[2] umfunktioniert werden. Und sie kann auch genauso prompt wieder zurück ans Bügelbrett entlassen werden, wobei ihr Ausscheiden nicht einmal eine Spur im Index der Arbeitslosenzahl hinterläßt. So jedenfalls wurde noch bis vor kurzem verfahren.

Jetzt aber haben die Widersprüche, die in der auswechselbaren Stellung des weiblichen Kulis ihre Zuspitzung erfahren, den Zorn der Frauen auf sich gezogen. Ihnen ist es wie Schuppen von den Augen gefallen, daß ihre Rolle als hauptamtlicher Windelwechseler und Topfauskratzer eine Abwertung ohnegleichen darstellt. Nicht länger läßt sie sich am Fließband in die Linie der Lohnabhängigen einordnen, wie sich das mit Glasperlen so schön machen läßt. Wieder einmal ist es so, wie Marx das vorausgesagt hat: Gerade die Grundpfeiler des kapitalistischen Systems sind von unvermeidlichen Widersprüchen bedroht.

1 Thomas Carlyle, englischer Historiker, lebte von 1795–1881. Sein Hauptwerk erschien 1837 unter dem Titel »Die Französische Revolution«.

2 Cox bezieht sich mit dieser feuilletonistischen Bemerkung auf einen fiktiven Charaktertyp des amerikanischen Frauenalltags. Gemeint ist die Frau, deren Verwertbarkeit für das ökonomische System dadurch gesichert ist, daß sie ihre Funktionen wie Hemden zu wechseln versteht.

Dennoch ist Vorsicht geboten. Das am meisten mit Pathos befrachtete Ergebnis im Fortgang der Ereignisse wäre der Anblick schwarzer, mexikanischer oder armer weißer Frauen, die sich um die begrenzte Zahl von Arbeitsplätzen in der großen Maschinerie Wirtschaft balgen. Diese Krise, ausgelöst durch die Ressentiments dieser Gruppen, darf auf keinen Fall in dem gegenwärtig funktionierenden Zirkel überhitzter Gewinnsucht, der Kurzlebigkeit ausgestoßener Produkte und der Verschwendung von Rohstoffen systemimmanent abgefangen werden. Eine solche Entwicklung läge natürlich ganz im Interesse der Regulierung hoher Gewinnspannen.

Eine Bewegung zur Befreiung der Frau jedoch, die sich innerhalb der Grenzen unserer profitorientierten Gesellschaft kaufen läßt, ist eine besiegte Bewegung. Das gilt auch dann, wenn sie sich dessen nicht bewußt wird. Wessen Herz schlägt denn wirklich schneller bei dem Gedanken, in einer Welt weiblicher Melvin Lairds[3] und David Rockefellers zu leben!

THESE 6: Die Kleinfamilie in ihrer gegenwärtigen Struktur ist das entscheidende Glied in der Übertragungskette jenes männlichen Herrschaftsanspruches, der von den Eltern auf das Kind übergeht. Der amputierte Rumpf dessen, was das Wort Familie einst zu bezeichnen pflegte, ist eine ganz neue Erscheinung auf der heutigen Szenerie.

Vor vier Generationen war die Kleinfamilie nahezu unbekannt. Heute sind wir so weit, einzusehen, daß die Mobilität dazu beigetragen hat, uns von der eigenen Verwandtschaft zu entfremden. Wirtschaftliche Faktoren sind schuld daran, daß die Größenordnung unserer Nachkommenschaft stark heruntergeschraubt ist. Hinzu kommt, daß uns die Anlage der Wohnhäuser in fein säuberlich voneinander getrennte Vorortzellen verbannt hat.

Aus solchen hygienisch einwandfreien und schwach abgesicherten Verliesen werden jeden Tag Kinder in die etwas besser abgesicherten Zonen der Sicherheit entlassen, ich meine die Schulen. Den Ehemännern hat das System grünes Licht für den Einstieg in die Tretmühlen der Stadt gegeben, und die Frau gilt als verantwortlich für Sauberkeit und Ordnung in den Käfigen.

3 Melvin Laird ist der gegenwärtige Verteidigungsminister im Kabinett Nixon.

Zugegeben: Der Chauvinismus des Mannes war schon erfolgreich etabliert, bevor die Abkapselung der Kleinfamilie eine vollendete Tatsache war. Außerdem wäre es töricht, annehmen zu wollen, polygame Paschas, Patriarchen mit ihren Konkubinen oder die Urgroßväter in unserer eigenen Geschlechterreihe seien weniger sexuell eingestellt gewesen als wir. Allerdings wuchsen Kinder in früheren Zeiten und an anderen Orten in einem umfassenderen psychologischen Kontext auf als heutzutage in der statistisch ausgewiesenen Durchschnittsfamilie mit Papi, Mami und 2–4 »Stück« Kindern.

Unsere gegenwärtige Unzufriedenheit mit der Kleinfamilie wird von der Feststellung genährt, daß sie – wenn man die Isolation und Fragmentierung der gegenwärtigen Lebensbezüge hinzunimmt – nahezu eine Monopolstellung in der an sich schon permissiven[4] Charakterbildung der meisten amerikanischen Kinder einnimmt. Im Gegenzug kann ich mir gut vorstellen, daß es Gemeinschaftsformen gibt (etwa auf nachbarschaftlicher, interaktionistischer, nichtverwertungsorientierter und intimitätsfördernder Basis), wo überschaubare Familieneinheiten keine größeren Persönlichkeitsstörungen heraufbeschwören. Wenn es Ansätze zu solchen Familienstrukturen gäbe, würde man sie aber nicht in Amerika finden.

Die Kinder erlernen ihre Geschlechtsrolle von der Empfängnis an. Sie erlernen sie ferner durch die Muskeltätigkeit und die Körperanspannung der gebärenden Mutter. Das prägt sie für den Rest ihres Lebens. Sie lernen weiterhin, daß Mamis kochen, waschen, reinigen, tagsüber den Fernseher laufen lassen, auf den Kundendienst warten und aufschreiben, wer für den Papi inzwischen angerufen hat. Sie lernen, daß ihre Papis zur Arbeit außer Haus müssen, daß sie auch einmal entlassen sein können, wenn sie abends nach Hause kommen, daß sie der Mami Geld geben, daß sie schwere Lasten bewegen können, im Garten

4 Mit der Bezeichnung »permissiv« ist ein Konzept von Erziehung gemeint, das unter dem Vorwand größtmöglicher Toleranz und laissez-faire-Spielregeln die Unsicherheit erwachsener Bezugspersonen dem zu erziehenden Kind gegenüber verschleiern soll. Ein bekannter amerikanischer Kultursoziologe, Theodore Roszak, hat in seinem US-Bestseller »The Making of a Counter Culture«, 1968, dieses permissive Erziehungskonzept für das Aufkommen der sogenannten Gegenkultur unter amerikanischen Jugendlichen verantwortlich gemacht.

arbeiten und Autos eigentlich nur von ihnen gesteuert werden können. Sie lernen auch noch eine Menge anderer Dinge, z. B. daß Mamis manchmal weinen, Papis gewöhnlich aber nicht.

Wie können wir es fertigbringen, die sozial und emotional recht zufällig gesteuerten Rollen, in deren Bahnen wir unser Verhalten selbst gelenkt haben, wieder zu entflechten? Wie können wir unsere Kinder mit einer möglichst großen Vielfalt sexueller Verhaltensweisen vertraut machen, ohne daß sie ihr Leben damit zubringen müssen, entweder sich dauernd gegenseitig auszuspannen oder sich immer wieder von denen abzulösen versuchen, mit denen sie auf einem Raum zusammen aufgewachsen sind? In Kleinfamilien ist das nicht möglich.

Was wir brauchen, sind Erwachsene, die sich chancengleicher als bisher untereinander abwechseln, wenn es darum geht, im Haushalt und in den anderen kleinen Dingen des Alltags mit Hand anzulegen. Wir müssen ferner lernen, wie wir zu anderen Geschlechtspartnern außerhalb unserer Ehe Beziehungen herstellen, die ungezwungen, innig und nicht aus der Distanz sind. Uns selbst und unseren Kindern gegenüber müssen wir beweisen, daß der gegenseitige Austausch von Gütern, Wohnraum und Gefühlen der *normale* und nicht der anomale Lebensstil ist.

Besonders für die heranwachsenden Mädchen müssen wir Lebensbedingungen schaffen, wo es den Frauen ebenso oft möglich wird, das Haus zu verlassen und zurückzukehren, wie das den Männern zugestanden wird, wo darüber hinaus ein Mann mit Schürze und Besen nicht als ein armer Irrer gilt, sondern ein ernstzunehmender Mitmensch ist, der im täglichen Drunter und Drüber des Haushalts zupackt. Eine Aufsprengung der Kleinfamilie wird der Frau kaum zur Emanzipation verhelfen. Der Versuch, sich im Rahmen der Kleinfamilie von naiver Sexualität und Chauvinismus befreien zu wollen, wäre nichts anderes, als die längst fällige Revolution im Bereich der psychischen Kommunikationsstruktur zu einer bloß verbalen Verlautbarung zu degradieren, wie wir das von den verschiedenen Proklamationen der Politiker zum Jahreswechsel gewohnt sind. Wir wissen ja, was gewöhnlich daraus wird.

THESE 7: Die »Ein-großes-Bett-für-alle-Kommune« ist nicht die einzige

Alternative zur Kleinfamilie. Ich räume ein, daß sie für eine Reihe von Leuten durchaus eine praktikable Lösung bedeuten mag; für die meisten von uns muß jedoch eine andere Möglichkeit gefunden werden, eine Möglichkeit, die aus der notwendigen Kombination von zwei Faktoren erwächst: der Übernahme einiger Orientierungsmaßstäbe aus der monogamen Form der Ehe, ja sogar der Kleinfamilie, einerseits und andererseits der Erkenntnis der so notwendigen Befreiung aus eingefahrenen Geschlechtsrollenorientierungen. Nur ein anderer Wohnstil kann hier weiterhelfen.

Margaret Mead [5] hat – wie ich meine zu Recht – darauf hingewiesen, daß »familiale Gruppen« (»cluster families«) für die meisten von uns wohl der nächste Schritt sind. Darunter versteht sie eine Gruppierung von Familieneinheiten, die gebietsmäßig nahe zusammenliegen (nahe genug, um unprogrammierte und spontane Zusammenkünfte zu ermöglichen), jedoch dem Bedürfnis des einzelnen nach Privatheit voll Rechnung tragen. Die Verwirklichung des Konzepts »familialer Gruppen« beginnt bei ganz elementaren Dingen wie dem gemeinsam abgesprochenen Einkauf, Kindererziehung, Kochen, sowie der Benutzung von Einrichtungsgegenständen aller Art; denn wozu braucht jede einzelne Familie ihre eigene Kleinsäge, ihren eigenen Rasenmäher oder ihren eigenen Filmprojektor? Später, nachdem die ersten Schritte getan sind, ist vorgesehen, daß die Mitglieder der »familialen Gruppe« langsam den Bereich gemeinsamer Lebensführung ausweiten, und zwar so, daß jeder einzelne in dem ihm gemäßen Tempo zu dem neuen Lebensstil hinfindet.

Diese Struktur »familialer Gruppen« würde – wenn zügig an ihr gearbeitet wird – einen langen Anmarsch auf dem Wege der Frauenemanzipation bedeuten, an deren Ende die Befähigung der Frau zur Übernahme einer aktiveren Rolle bei der Durchdringung und Veränderung der Gesellschaft stehen würde. Dieser Ansatz hätte außerdem den Vorteil, daß diejenigen unter uns, für die eine monogame Form ehelichen Zusammenlebens – in welcher abgewandelten Weise auch immer – noch in Frage kommt, zu ihrem Recht kämen. Um es theolo-

5 Margaret Mead ist eine der maßgeblichen Anthropologinnen. Sie wurde bekannt durch ihre Studien über das Kulturverhalten Primitiver, vor allem der Südseevölker.

gisch auszudrücken: Wir kämen in den Genuß der Früchte, die in einer neuen Entwicklungsphase der Gottesherrschaft wachsen, obwohl wir immer noch »hier unten« in der alten Zeit unser Leben fristen.

Ich möchte an dieser Stelle nicht so verstanden sein, als wollte ich die monogame Form der Ehe um jeden Preis beibehalten sehen. Mir ist klar, daß ich mich einem beträchtlichen Risiko aussetze, wenn ich in dieser flüchtigen Weise zu einer so delikaten Frage Stellung nehme. Nur eins will ich sagen, nämlich, daß weder die Bibel noch die Christentumstradition so verstanden werden dürfen, als ob sie der Monogamie ausschließliche Gültigkeit beigelegt hätten.

Denken wir doch an David, Abraham, Jesus, die klösterlichen Gemeinschaften, die Oneida-Kommune[6]! Im Verlauf der Geschichte gab es das Pariarchat, das Konkubinat, das Zölibat, Gruppenehen usw. Dieser Hinweis sollte uns davor bewahren, die monogame Form ehelichen Zusammenlebens als die *allein* gültige Form christlicher oder humaner Familienstruktur hinzustellen. Es ist ähnlich wie bei der Praktizierung des Zölibats: Die Monogamie ist nur dann authentisch, wenn sie eine *frei* wählbare Form des ehelichen Zusammenlebens bleibt, aber nicht zu einer für alle verbindlichen Struktur des Familienlebens wird. Sogar Paulus, der von Hause aus wahrlich kein glühender Befürworter der Ehe als Dauereinrichtung ist, riet nur bestimmten Amtsträgern in der Kirche zur Einehe, aber längst nicht jedem Christen. Ganz bestimmt bleibt das Problem der Monogamie eine Frage, die im Zusammenhang mit der Frauenemanzipation in Zukunft häufiger aufgeworfen wird; wir sollten auf eine heiße Auseinandersetzung vorbereitet sein. Leider fehlt mir hier die Möglichkeit, noch weiter darauf einzugehen.

THESE 8: Auch die Männer dürfen an die Frauenemanzipation die Hoffnung knüpfen, mit »befreit« zu werden. Auf kürzere Sicht hin gesehen, werden wir allerdings unserer Machtstellung als Mann entsa-

[6] Die Oneida-Kommune, ein sekten-kommunistisches Projekt unter religiösen Vorzeichen, bestand um 1845 im US-Bundesstaat Vermont. Ihr Gründer, J. H. Noyes, führte 1846 die »complex marriage« ein, eine Eheform, bei der Männer und Frauen frei verkehren konnten (Mehr dazu bei Hermann Schrempp: Gemeinschaftssiedlungen auf religiöser und weltanschaulicher Grundlage, Tübingen, 1969, S. 65 ff).

gen müssen. Noch befinden wir uns in einem Stadium, wo wir von der Befreiung des »Weiblichen«, nicht der »Weiber« sprechen dürfen. Das kann doch eigentlich nur heißen, daß die Entbindung der unterdrückten »weiblichen« Potenzen in uns allen gemeint ist. Dahin kommen wir nur dann, wenn ein Hammer nicht von vornherein mit einem Mann gleichgesetzt wird und Stricknadeln nicht automatisch mit der Frau in Verbindung gebracht werden, wenn ich mich als Mann genauso »emotional« geben darf, wie ich möchte, und Frauen sich so »rational« geben dürfen, wie das bisher nur Männern zugestanden wurde. Gott bewahre uns vor jenen »rational« eingestellten *Männern,* die diese verrückte Gesellschaft aufgebaut haben und auf deren Konto die Ausradierung eines Volkes in Südostasien geht.

Wohin soll das alles führen? Ich zähle mich nicht zu denen, die behaupten, zwischen den Geschlechtern gebe es keine biologische Unterschiede, alle Unterscheidungsmerkmale seien bloßer Kulturballast. Daher meine ich, daß jene Frauen, die ihre Befreiungskampagne auf der Negation solcher Unterscheidungsfaktoren aufbauen, schlecht beraten sind. Die Art und Weise, wie wir berechtigte Unterschiede in Abhängigkeitsverhältnisse verkehrt haben – so wie es übrigens im Bereich der Hautfarbe geschah – hat etwas Perverses an sich. Ich möchte das gerade noch an einem Beispiel klarmachen.

Vielleicht sind Männer in instrumentaler Hinsicht stärker veranlagt, in intuitiver Hinsicht aber weniger. Ich weiß nicht. Nur eins weiß ich, daß eine Gesellschaft, die darauf aufgebaut ist, instrumentales Verhalten zu belohnen, intuitive Fähigkeiten jedoch zu bestrafen – und zur Krönung des Ganzen dann auf dieser Basis die Frau noch jeglicher Mitwirkung zu berauben, ein skandalöser Betrug ist. Wir sollten doch um Himmels willen nicht versuchen, sich eventuell noch herausstellende andere Unterschiede als die sowieso zwischen penis- und vaginaausgestatteten menschlichen Wesen vorhandenen zu beseitigen ... Der Abbau von Unterscheidungsmerkmalen läuft auf das hinaus, was die Nazis *Gleichschaltung* genannt haben. Wir sollten uns statt dessen eine neue Stadt schaffen, wo wir täglich durch bunte Vielfalt erfreut werden und schließlich dahinkommen, die uns alle umschließende Menschlichkeit in den Tiefen bestehender Unterschiede spürbar zu ertasten ...

Übersetzt von Rüdiger Reitz

VII. Die dramatische Alternative

Das folgende Interview mit Harvey Cox fand im Sommer 1972 in seinem Arbeitszimmer in Boston statt. Dr. Cox empfing den Besucher so leger, wie er sich gewöhnlich zu geben pflegt: salopp gekleidet, offenes Hemd, Sandalen und an seinem inzwischen buschigen Bart zwirbelnd. Auf einem der oberen Bücherbretter standen Exemplare seines Welterfolgs »The Secular City«, gleich in mehreren Sprachen. Das Arbeitszimmer in der Harvard-Universität wirkte eher nüchtern als inspirierend. Der theologische Rokokostil von Cox, die Begeisterung über alles, was mit Spiel zu tun hat, und die Entdeckung der Phantasie mußten in einer völlig anderen Umgebung enstanden sein.

Zwischen politischen Flugblättern, Untergrundzeitungen und Stößen von neuen Büchern hatte Harvey Cox sein liebstes Fortbewegungsmittel geparkt, ein schnittiges Rennrad. Was tut ein Fahrrad im Arbeitszimmer eines ordentlichen Professors? Während dieser sein Telephongespräch zu beenden suchte, konnte der Besucher mittlerweile einige Dinge in seinem Kopf zurechtrücken, die er vom Hören und Sagen kannte, etwa die Experimente mit einem kollektivangelegten Wohnstil oder die Abschaffung von Auto, Telephon und Fernseher. Flausen oder Tatsachen?

Ein Interview mit Rüdiger Reitz

FRAGE: Herr Cox, ist das Ihr Fahrrad?

COX: Ja, das gehört mir.

FRAGE: Was bedeutet Ihnen das Fahrrad?

COX: Das ist ein willkommenes Symbol. Ich besitze nämlich kein Auto ...

FRAGE: ... und das Telephon haben Sie auch abgeschafft.

COX: Meine Frau hat ja eins. Wozu brauche ich da noch ein Telephon! Sie wissen ja, sie ist Schauspielerin. Sie hat ein Telephon in ihrem Studio. Sie meint, sie brauche eins. Nun gut. Ich jedenfalls habe mir in meiner Wohnung kein Telephon aufstellen lassen. Das hier in meinem Büro reicht aus. Wir haben neuerdings wieder einen kleinen Fernsehapparat. Die Kinder wollten es so. Wir verzichten aber bewußt auf das Auto, und wir werden auch mit großer Wahrscheinlichkeit keins anschaffen. Wissen Sie, mit diesem Fahrrad komme ich überall hin in Boston.

FRAGE: In Europa, vielleicht sogar außerhalb von Boston, ist wenig davon bekannt, wie sich Änderungen in Ihrem persönlichen Lebensstil auf Ihre theologische Arbeit ausgewirkt haben. Hinter der – wie Sie es selbst einmal genannt haben – »technologischen Enthaltsamkeit und Telephonlosigkeit« steckt mehr als eine banale, flüchtige Augenblickslaune. Stimmt es, daß Sie an einem neuen Buch arbeiten und darin versuchen, die Rückwirkungen Ihrer Erfahrungen mit einem neuen Lebensstil in den beiden zurückliegenden Jahren auf die theologische Arbeit zu Papier zu bringen?

COX: Es ist richtig, daß ich an einem neuen Buch arbeite. Das Thema dieses Buches, das vielleicht im nächsten Jahr erscheinen wird, ist meine Autobiographie, gewissermaßen ein Selbstzeugnis als Spielart von Theologie. Meine eigene Lebensgeschichte liegt hier zugrunde. Das Thema des Buches ist also der Mensch als ein Wesen, das von sich erzählt, und das Verständnis von Religion als die Geschichten, die Leute erzählen, die Geschichte der Leute sozusagen. Nicht zuletzt ist ja die Bibel eine einzige große Geschichte.

Darüber hinaus beschäftige ich mich damit, wie es dazu gekommen ist, daß die Massenmedien heute zu den maßgeblichen »Geschichtenerzählern« unserer Zeit geworden sind. Welche Auswirkungen hat das auf die Gewohnheit des Menschen, seine Geschichte zu erzählen, ein Zeugnis abzulegen – wie das so schön in der pietistischen Tradition heißt? Ein Zeugnis ablegen heißt ja seine persönliche Erfahrung davon mitteilen, was in einem vorgeht, was unsere Hoffnungen und Enttäuschungen sind. Darüber schreibe ich in dem neuen Buch.

Als ich mich mit diesem Projekt zu beschäftigen begann, fiel mir wieder ein, daß es ja eine lange Reihe von Ansätzen zu einer autobiographischen Theologie gibt: Augustin, Pascal, Bonhoeffer, obgleich es gerade dem letzteren nicht bewußt war, daß er eine autobiographische Theologie geschrieben hat. Mit ein Grund dafür, warum Bonhoeffer heute persönlich so anregend und theologisch bedeutsam zugleich ist, liegt darin, daß es sein *Leben* war, das er niedergeschrieben hat. Die übrigen Aussagen von ihm werden deshalb so verständlich, weil von ihm autobiographisches Material zu Fragen vorliegt, die ihn damals beschäftigt haben.

Folglich habe ich im zurückliegenden Sommersemester hier an unserer Fakultät ein Seminar über Theologie und Autobiographie gehalten. Wir haben uns mit Kazantzakis, Simone Weil und Tolstoi beschäftigt. Ferner mit einem Buch »Black Elk« (Schwarzer Elch), der Autobiographie eines amerikanischen Indianers. Dieser Stoff, so hat sich gezeigt, ist für unsere Studenten deshalb so packend, weil die Indianer bei den jungen Leuten augenblicklich wieder einmal im Gespräch sind. Ich möchte damit nur sagen, daß der Akzent des Buches, das Sie in Kürze unter dem Titel »Abschied vom bürgerlichen Leben« herausgeben wollen, genau das trifft, womit ich mich gegenwärtig beschäftige.

Noch eine Bemerkung zum Stichwort »Biographisches«. Mir ist klargeworden, daß die impulsive Hinwendung zu Meditation, ostasiatischen Disziplinen usw. irgendwie mit der Wiederentdeckung dessen zu tun hat, was die klassischen Vertreter der christlichen Mystik die Innenwelt nannten. Mir liegt daran, in diesem Zusammenhang etwas zu der gegenwärtigen Diskussion über die Wiederentdeckung dieser Innenwelt zu sagen.

In letzter Zeit habe ich häufiger Studenten bei mir, die sich daran stoßen, daß weite Teile der College-Jugend ihr Heil bei Yoga und Meditation suchen. Wo – so fragen sich diese Leute – ist der radikale christliche Aktivismus im politischen Bereich geblieben? Wo ist noch Begeisterung für die Botschaft des Social Gospel, des Evangeliums, das soziale Gerechtigkeit fordert? Ich sehe zwar, worauf meine jungen Freunde hinauswollen, meine jedoch, daß die Wiederentdeckung der Innendimension des Lebens, auf lange Sicht gesehen, bedeutsam sein wird – gerade für den Bereich des politischen Engagements.

FRAGE: Was Sie hier vor Augen haben, wird doch nur dann ins Gewicht fallen, wenn es auch anderen Leuten gelingt, ähnliche Erfahrungen zur Sprache zu bringen.

COX: Ganz recht. Im gleichen Augenblick nämlich, wo bestimmte Erfahrungen zur Sprache gebracht werden, ist Gemeinschaft im Sinne zwischenmenschlicher Interaktion hergestellt, was unvermeidlich eine politische Dimension in sich birgt.

An diesem Punkt zeigt sich der Unterschied zwischen der christlichen und der östlichen Tradition in voller Schärfe. In der christlichen Tradition liegt der Akzent auf »lehren«, auf dem, was mit dem »Wort« zu tun hat, mit dem Ablegen eines Zeugnisses, mit dem Anhören eines anderen Menschen, kurz, mit der Struktur von Sprache schlechthin. Nicht wenige zeitgenössische Theologen sind mit dieser Problematik befaßt. Denken Sie an das ganze Geschäft mit der »Sprachlichkeit«, etwa in der Theologie von Ernst Fuchs und Gerhard Ebeling. Ich glaube, daß hier etwas Richtiges gesehen wird. Der Schritt von der Innerlichkeit zur sprachlichen Ausdrucksfähigkeit hat Gemeinschaft zur Folge, was letztlich eine politische Dimension nach sich zieht.

FRAGE: In einem der hier abgedruckten Papiere mit dem Titel »Abschied von ausgedienten Leitbildern« haben Sie von der Notwendigkeit gesprochen, daß der Theologe sich seiner Stellung in der Klassenstruktur der Gesellschaft bewußt wird. Was bedeutet die Anwendung dieses marxistischen Ansatzes aus Europa auf das Leben des Theologen Harvey Cox in Amerika?

COX: Ganz konkret schließt diese Berufsperspektive die Entdeckung ein, daß die amerikanische Universitätsstruktur der Erhellung von Wirklichkeit im Wege steht. Sie ist nämlich weitgehend von den Interessen der Mittelklasse bestimmt. Daran ändert auch die Tatsache nichts, daß in den vergangenen Jahren eine begrenzte Anzahl Schwarzer sowie Studierende aus Arbeiterfamilien eingeschrieben waren. Organisation und Lehrstil sind davon unberührt geblieben. Mit anderen Worten: Die näheren Umstände, unter denen Wirklichkeit analysiert wird – gerade das ist ja kennzeichnend für den Universitätsbetrieb –, ist vom Interesse der Mittelklasse bestimmt. Folglich wird mit jedem neuen Tag, wo sich der Theologe in diesem Milieu bewegt, das an der Mittelklasse schlechthin orientierte Gesamtinteresse der Theologie darin nur noch weiter gefestigt.

Ich leide unter dieser verstellten Wirklichkeitsbetrachtung. Ich frage mich, welche Alternativen hier möglich sind – also etwa unterschiedliche Erfahrungen mit zwischenmenschlicher Interaktion als Gegengewicht zur Interessenlage der Bourgeoisie. Einem aufgeklärten Theologen bleibt heute nichts anderes übrig, als sich Situationen auszusetzen, anhand deren er seine Einordnung in die Klassenstruktur nachprüfen kann und die es zulassen, die bürgerlich verursachte Korruption seiner Denkvoraussetzungen so weit wie möglich abzustreifen.

Durch dieses Feuer der Läuterung bin ich auf *meine* Weise gegangen. Als ich 1963 von einem Studienaufenthalt in Berlin in die USA zurückkam, zog ich mit meiner Familie nach Roxbury, dem schwarzen Wohnviertel von Boston. Dort hielten wir es sechseinhalb Jahre aus. Die Erfahrungen aus dieser Zeit entwickelten sich zu einer dauernden Herausforderung an mich. 1969 sind wir dann aus dieser Gegend weggezogen und wohnen jetzt in einem Viertel von Cambridge, wo die Bevölkerung gemischt aus Arbeitern und Universitätspersonal zusammengesetzt ist. In einer Gesellschaft wie der amerikanischen ist es sehr wichtig, in welcher Umgebung man zu wohnen beabsichtigt, weil die ökologischen Bedingungen zugleich ein Ausdruck der Klassengegensätze sind.

Beim Zusammenleben mit Schwarzen habe ich eine Menge gelernt, ich sollte besser sagen: internalisiert. In erster Linie im Bereich des Emotionalen. Aber das war nicht alles. Im Verlauf dieser Zeit habe ich noch auf zwei anderen Sektoren Erfahrungen gesammelt.

Einmal denke ich hier an meine engen Kontakte zur lateinamerikanischen Befreiungsfront, was gewöhnlich nur selten gelingt. Seit fünf Jahren laufen diese Beziehungen. Mindestens einmal pro Jahr reise ich in lateinamerikanische Länder. Ich pflege außerdem Kontakte zu verschiedenen kirchlichen Organisationen in jenem Teil der Welt. Besonders gut kann ich mit der katholischen Linken. Das klappt allerdings nur dann, wenn ich mit diesen Leuten eine Zeitlang zusammenlebe, übrigens die einzige Möglichkeit, ihr Mißtrauen gegenüber Nordamerikanern abzubauen.

FRAGE: Wir dürfen wohl von der Annahme ausgehen, daß diese Erfahrungen beim Zusammenleben mit Minderheiten bei Ihnen dazu geführt haben, sich des spezifischen Standortes in der Klassenstruktur Nordamerikas bewußt zu werden.

COX: Ja, das kann man sagen. Und ich möchte noch hinzufügen: in ganz besonderer Weise. Die politische Arbeit unter Minderheiten konnte mich jedoch nicht zur Illusion verführen, im Verlauf dieser Tätigkeit der Klassenstruktur, in der ich mich nun einmal befinde, zu entrinnen. Obwohl ich mich zu dieser schmerzlichen Feststellung durchgerungen habe, kenne ich viele junge Leute, die glauben, ihrer mittelständischen Herkunft dadurch entfliehen zu können, daß sie sich einem anderen Lebensstil zuwenden. Ich betrachte das als eine Selbsttäuschung. Der völlige Abschied vom background des Mittelstandes ist schlechthin unmöglich. Der einzig gangbare Weg in dieser Situation besteht darin, sich dieser Lage bewußt zu werden und nach Mitteln und Wegen zu suchen, den eigenen Klassenstandpunkt zu korrigieren.

Ich möchte aber noch den zweiten wichtigen Erfahrungsbereich erwähnen, den ich vorhin vergaß. Bekanntlich sind Eigentum und Besitzstreben jene Faktoren, die entscheidenden Einfluß auf die Ausprägung bourgeoiser Bewußtseinshaltung haben. Zur Zeit versuche ich, zusammen mit einer Gruppe von Gleichgesinnten, ein Experiment zu starten, das die Eigentumsfrage vom kollektiven Gesichtspunkt her zu lösen versucht.

Wir sind etwa fünfzehn Personen, die Haus an Haus auf engem geographischen Raum zusammenleben. Uns ist es gelungen, die Voraussetzungen dafür zu schaffen, daß die Häuser und Grundstücke, die wir im Augenblick besitzen, notariell zu einer Rechtseinheit zusammengeschlossen wurden. Uns schwebt eine Art Ballungsraum von Häusern vor, worüber wir, das Kollektiv, verfügen können. Das Ganze soll ein Muster dezentralisierter, sozialistischer Besitzverhältnisse werden.

Wir haben uns zu diesem Schritt nicht zuletzt deshalb entschlossen, weil wir von der Neuregelung unserer Besitzverhältnisse ganz neue Perspektiven auf anderen Bereichen des Lebens erwarten – abseits von der Regelung unserer Besitzverhältnisse auf rein privater Basis. Wenn ich mich auch nicht als Marxist verstehe, habe ich doch so viel von Karl

Marx gelernt, daß die Stellung zu Eigentum, Klasse und Macht tiefgreifende Konsequenzen für das gesamte Urteilsvermögen nach sich zieht. Die gesamte Theologie der letzten zehn Jahre, die ich kenne, ist vom Standpunkt eines unkritischen, der Mittelklasse verhafteten Interesses geschrieben worden. Die Aussicht, davon wegzukommen, ist so gering, daß ich mir nicht einmal in der Phantasie ausmalen kann, wie eine Theologie wohl aussehen mag, die aus einem anderen Interesse heraus konzipiert ist. Wir haben zwar so etwas wie eine »schwarze« oder »lateinamerikanische« Theologie der Befreiung, wenn wir aber ehrlich sind, müssen wir zugeben, daß wir nicht wissen, wie die Theologie sich wandeln wird, wenn sie dem Zugriff der bourgeoisen Ableitung entzogen ist.

Frage: Ich möchte noch einmal an das anknüpfen, was Sie in dem (hier mitabgedruckten) Interview »Versuche mit einem neuen Lebensstil« ins Gespräch gebracht haben. Sie berichten dort über Ihre Erfahrungen in einem wohngemeinschaftlichen Arrangement mit einer anderen Familie. Besteht dieses Projekt noch?

Cox: Dieses Arrangement war sozusagen das erste Stadium auf dem Wege zu jenem Muster kollektiver Besitzverhältnisse, von dem wir gesprochen haben. Die betreffende Familie lebt zur Zeit in England. Wahrscheinlich wird sie in diesem Jahr wieder in die USA zurückkehren. Bis dahin werden wir allerdings schon in dem erwähnten größeren Kollektiv Fuß gefaßt haben.

Rückblickend kann ich von unserem Experiment mit der Großfamilie sagen, daß einige gute, aber auch einige enttäuschende Erfahrungen hinter uns liegen. Im großen Ganzen hat uns diese Zeit gut getan. Allerdings ist es uns dabei nicht gelungen, oder ich sollte besser sagen, ist es mir – weil das Haus auf meinen Namen überschrieben war – nicht gelungen, die Befangenheit gegenüber dem Eigentum abzulegen. Vieles war immer noch zu stark privatisiert. Der Durchbruch zu interpersonalen Beziehungen und zu Eigentumsverhältnissen auf einer stärker sozialisierten Basis gelang einfach nicht. In unserem neuen Projekt – ich möchte es schlicht *Stadtkibbuz* nennen – ist vorgesehen, daß die anfallenden Kosten auf der Grundlage der jeweils gegebenen Zahlungsfähigkeit der einzelnen Familie beglichen werden. Unser Kibbuz wird Familien aus den unterschiedlichsten Einkommensschichten umfassen; eine Familie, die von der staatlichen Fürsorgeunterstützung lebt, wird ebenso da sein wie andere Familien mit überdurchschnittlichem Einkommen.

FRAGE: Ich darf in unserem Gespräch noch einmal zurückblenden. Sie sprachen davon, daß Sie sich nicht als Marxist verstehen, jedoch einen neuen Lebensstil schaffen wollen, der auf weiten Strecken sozialistische Ansätze aufnimmt. Deshalb noch einmal: Wie charakterisiert der Theologe Harvey Cox sein sozialistisches Engagement und wo grenzt er sich gegenüber Marx und den Marxisten ab?

COX: Das marxistische Konzept einer Gesellschaft, deren entfremdete Lebensformen abzuschaffen sind, kann ich durchaus unterstützen. In dieser Hinsicht würde ich mich als Marxist betrachten. Wie gesagt, dabei kommt es mir besonders auf die Klärung der Frage an, inwieweit die Verhaftung an die Interessen einer bestimmten sozialen Klasse eine bestimmte Sicht der Wirklichkeit bedingt. Es ist doch nicht zufällig, daß reiche Leute die Wirklichkeit in der ihnen gemäßen Weise einschätzen, und arme Leute das gleiche in entgegengesetzter Weise tun!

Was die Christen dabei betrifft, können sie sich nicht darauf zurückziehen, daß sie sagen: Na schön, das ist nun einmal so. Sollte es nicht vielmehr so sein, daß Christen auf der Seite der Unterdrückten, Armen und Ausgestoßenen stehen! Das bloße Anerbieten von materieller Hilfe genügt hier nicht. Dagegen sollten Christen sich so mit Minderheiten und Randgruppen identifizieren, daß sie von deren Einschätzung der Wirklichkeit her ihre eigenen Verhältnisse zu beurteilen lernen.

Wenn ich noch einmal in eigener Sache sprechen darf. Die ganze Zeit über, wo ich mit meiner Familie im schwarzen Stadtteil von Roxbury wohnte, blieb es mir keinen Augenblick verborgen, daß ich mich wohl nie vollständig mit der schwarzen Bevölkerung werde identifizieren können. Schon einfach deshalb nicht, weil ich bei jeder bedrohlichen Zuspitzung der sozialen Konflikte auf der Stelle hätte wegziehen können. Die gleiche Schwierigkeit stellte sich bei mir ein, als es um die Identifizierung mit den unterdrückten Volksmassen in Lateinamerika ging.

Wo ich Marx und Engels allerdings entschieden widerspreche, ist ihre Einschätzung des staatlichen Machtapparates als *erstes* Ziel bei der

Durchführung der Revolution. Das ist doch einfach eine »Überpolitisierung« der Revolution. Was wir brauchen, ist eine *soziale* Revolution als wesentlichen Bestandteil der politischen Revolution. An diesem Punkt ist die bolschewistische Revolution in Rußland erfolglos geblieben. Damals kam es nämlich nicht zur vollen Integration der politischen in die soziale Revolution. Ich brauche nur auf die bekannte Tatsache zu verweisen, daß die Struktur einer Revolution *vor* der Machtübernahme darüber entscheidet, wie die Machtverhältnisse nach erfolgter Machtübernahme aussehen. Von den Verhältnissen in den USA würde ich sagen, daß wir uns heute im vorrevolutionären Stadium befinden. Wir müssen erst einmal die Infrastruktur der neuen Gesellschaft mit allen uns zur Verfügung stehenden Mitteln schaffen, damit es zum politischen Umschwung kommen kann.

Hier möchte ich einmal ein ganz persönliches Bekenntnis ablegen. Ich bin der festen Überzeugung, daß die Form der politischen und sozialen Revolution, die wir in Amerika brauchen, ihre Impulse aus der utopischen, nicht-zentralistischen Tradition des Sozialismus nehmen muß, um praktikabel zu werden, jedoch weniger aus der marxistisch-leninistischen. Jedesmal, wenn ich Freunde aus Europa hier habe, spüre ich die tiefe Skepsis solchen Überlegungen gegenüber. Fast habe ich das Gefühl, man vermutet so etwas wie Eskapismus.

Im Blick auf die tatsächlichen Verhältnisse läßt sich diese Skepsis jedoch nicht halten. Amerika ist ein so vielschichtiges Gebilde. In unserem Land kann die Revolution einfach nicht mit der politischen Revolution beginnen. Statt dessen muß die soziale Revolution der politischen vorhergehen und nach erfolgter politischer Revolution weitergeführt werden.

FRAGE: Wollen Sie damit sagen, daß neuer Lebensstil und neue Gemeinschaftsformen in Amerika ein notwendiger Beitrag für die Periode vor der politischen Revolution sind?

COX: Sie sehen es ganz richtig. Mir wird in letzter Zeit immer klarer, wie viele Leute in diesem Land alles daran setzen, einen epochalen Wechsel in der politischen Grundstruktur herbeizuführen. Nicht etwa aus heiterem Himmel, um irgendwelchen Idealen oder Maximen Tribut zu zollen, sondern aufgrund von Erfahrungen mit der gesellschaftlichen

Wirklichkeit in ihrem eigenen Leben; wobei betont werden muß, daß sie das volle Ausmaß der Entfremdung in ihrem Leben überhaupt erst bei der Praktizierung jener neuen Gemeinschaftsformen erfahren haben, durch die sie in Konflikt mit der bestehenden politischen Infrastruktur des Landes gerieten. Ich möchte das noch weiter verdeutlichen.

An diesem Punkt unterscheide ich mich von Che Guevara, dem ich Ho Chi Minh vorziehe. Ich sehe mich vor die Notwendigkeit gestellt, mich für einen von beiden zu entscheiden. Ich votiere deshalb für Ho, weil er immer wieder darauf hinwies, daß die Aufgabe des Revolutionärs darin besteht, der Revolution avantgardistisch vorauszuarbeiten. In erster Linie bedeutet das, die Gesellschaft auf der Basis gerechter Verhältnisse, etwa der Landverteilung, zu reorganisieren. Wenn die Regierung oder ausländische imperialistische Mächte einschreiten, um den Prozeß abzuwürgen, verfügt die Bevölkerung bereits über Modelle, mit denen sie schon Erfahrungen gemacht hat und auf die sie sich verlassen kann.

Nehmen Sie beispielsweise die Nationale Befreiungsfront (NLF) in Vietnam. Sie verwaltet bereits einige Teile des Landes. Das heißt doch nichts anderes, als daß die Leute sich gegen die amerikanische Intervention verteidigen.

Che Guevara auf der anderen Seite hatte es darauf abgesehen, die »Luce Armada«, die Organe der zentralen Gewalt, mit Waffengewalt einzunehmen und erst dann die eigentliche Revolution zu starten. Che blieb ohne die Unterstützung der Bevölkerung. Diese kritischen Bemerkungen ändern jedoch nichts an meiner enormen Bewunderung für Che Guevara; er ist einer der herausragenden Gestalten der Epoche. Heute muß ich ihm jedoch vorwerfen, daß er die Prioritäten revolutionären Handelns nicht richtig gesetzt hat.

FRAGE: Welche psychologische Hilfe bieten diese kollektiv verwalteten Gemeinschaften im politischen Kampf Ihres eigenen Landes, also den USA?

COX: Die erwähnten kollektiven Gemeinschaften verschaffen uns eine gewisse Sicherheit, die es uns ermöglicht, politisch aktiver zu sein und Risiken zu übernehmen, wenn es darum geht, für einschneidende Änderungen im weitesten Sinne zu kämpfen.

Ich muß hierbei an Daniel Berrigan denken, besonders an die Zeit, wo er auf der Flucht vor dem FBI war. Damals sah ich ihn zwei- oder dreimal. Hartnäckig verwies er immer wieder darauf, wie schwer es ihm gefallen wäre, den Widerstand gegen die amerikanische Kriegspolitik durchzuhalten, wäre er auf der Suche nach Geborgenheit und Unterstützung auf die herkömmliche Kleinfamilie angewiesen gewesen. Immer wieder war die Rede davon, daß wir Zellen, Kommunen und kooperative Lebensformen brauchen, damit die Leute sich in ihren eigenen vier Wänden wieder sicher fühlen können, zumal wenn sie ernsthaften Schwierigkeiten in ihrem persönlichen Bereich gegenüberstehen, wie beispielsweise dem drohenden Ausblick auf Entlassung. In solchen übergreifenden Gemeinschaften wüßten nebenbei auch politisch Aktive ihre Familien besser aufgehoben als in der Kleinfamilie.

FRAGE: Ihren früheren Aussagen in einem der Interviews zufolge wird in einer solchen Gruppierung von Familien auch die Ehe einer radikalen Überprüfung unterzogen.

COX: Überprüfung schon, aber wie drastisch das ausfallen wird, vermag ich nicht abzuschätzen. Gleichzeitig bin ich natürlich dafür, daß sich in der Familienstruktur etwas ändert. Wie ich früher schon einmal ausgeführt habe, halte ich die Kleinfamilie, die ein Produkt der Industriegesellschaft ist, für keine sehr erfolgreiche Form der Familie. So, wie sie im Augenblick praktiziert wird, erschwert sie der Frau die uneingeschränkte Wahrnehmung ihrer beruflichen und politischen Chancen.

FRAGE: Sie haben vorhin von den Auswirkungen gesprochen, die Ihre Erfahrungen mit neuen Gemeinschaftsformen in Ihrem Leben hinterlassen haben. Ich möchte unser Gespräch an diesem Punkt noch etwas weiter eingrenzen. Welche Denkanstöße gehen nun von diesen Erfahrungen für Ihre *theologische* Arbeit aus?

COX: Zunächst einmal: Erfahrungen wie die geschilderten versetzen mich in die Lage, eine klare Entscheidung darüber zu fällen, welche der sich mir als bedeutsam dargestellten Erfahrungen einer theologischen Reflexion wert sind. Ich muß hier daran denken, wie aufschlußreich im Grunde eine Frage ist, die wir Theologen uns an der hiesigen Fakultät gegenseitig zu stellen pflegen. Das hört sich dann etwa so an: »Bill, woran arbeitest du im Augenblick?« Antwort: »Ich schreibe ein Buch über ...« Darauf meine Rückfrage: »Wie bist du auf dieses Thema gestoßen?« – Ich halte diese Frage für sehr wichtig, weil sie nach dem auslösenden Faktor für die Beschäftigung mit einem bestimmten Projekt fragt, oder besser gesagt, ich möchte immer gern wissen, wo bei dem einzelnen der Ausgangspunkt für eine bestimmte Fragestellung liegt.

Stereotyp erhalte ich folgende Antwort: »Der Anstoß zu meinem neuen Buch kommt aus einem meiner Seminare, nicht zuletzt aus einem Buch von X, das mich sehr beeindruckt hat.« Wiederum: Eine solche Problemstellung wurzelt nicht in den vorliegenden sozialen Gegebenheiten oder im Spannungsfeld politischen Engagements. Statt dessen muß sie als dynamischer Ausdruck *interner Berufsprobleme* des jeweiligen Theologen entlarvt werden. Das ist fast schon theologische Blutschande!

Ich möchte nicht mißverstanden werden. Die harte wissenschaftliche Arbeit über bestimmte theologische Probleme, die sich infolge der gesellschaftlichen Aktivität der Kirche ergeben, halte ich für eine sehr verantwortungsvolle Beschäftigung. Hier liegen die Themen für die theologische Weiterarbeit. Hier fällt auch die Tradition theologischen Denkens ins Gewicht. Ich selbst verfahre an diesem Punkt recht konservativ. Ich mache Anleihen bei Bibel und Tradition, nur, daß ich mich dabei mehr an Vorgängen im Bereich der Kulturarbeit des Menschen orientiere als an berufsspezifischen Fragestellungen, die einem Theologen nun einmal eigen sind.

Hier liegt ein ganz wichtiger Punkt für mich. Mein augenblicklicher Lebensstil – ich meine die vorsichtigen Experimente mit kollektiven Gemeinschaftsformen, nicht zuletzt meine wachsende politische Aktivität, die sich nur mit derjenigen weniger anderer Theologen vergleichen läßt – wirft immer neue Fragen auf, unter anderem auch theologischer Natur. Ich möchte aber noch einmal betonen, daß es eher Fragestellungen aus dem zuletzt genannten Bereich sind als Denkanstöße, die berufsspezifisch in einem Theologen aufbrechen. Worauf es mir ankommt, ist folgendes: Wir sollten damit beginnen, Erfahrungen mit kollektiven Lebensformen zu sammeln. Als Folge davon erwächst bei den Beteiligten die Entschlossenheit, den neugeschaffenen Lebensbereich vor staatlichen Zugriffen und Repressalien zu schützen. Für mich als Theologen heißt das: Eine christliche Ethik des Politischen ist zugleich Ausdruck der Erfahrungen mit einer neuentstehenden Gemeinschaft, man könnte auch sagen, vom Zeichen der Herrschaft Gottes.

FRAGE: Ich möchte diese Beobachtungen einmal auf Ihre publizistische Tätigkeit beziehen. Ist es richtig zu sagen, daß Ihre neueren Veröffentlichungen, wozu ich auch »Das Fest der Narren« zählen möchte, so etwas Ähnliches wie die Verbalisierung persönlicher Erfahrungen mit kollektiven Lebensformen sind?

COX: Ich glaube, das kann man sagen. Natürlich verstehe ich einen Großteil meiner Schriften in gleicher Weise als Ausdruck eines Erwartungsvorgriffs auf die Ausbreitung kommunitärer Formen in unserer Gesellschaft. Andere Teile meines Werkes wiederum können auf bereits erfolgte Erfahrungen mit laufenden Projekten zurückgreifen. Aber wie ich vorhin schon sagte, andere Erfahrungsebenen spielen eine nicht mindere Rolle: das Leben in der Gemeinschaft mit Schwarzen, die Teilnahme an der Anti-Kriegskampagne in diesem Land sowie ein gewisser Grad an Engagement in der Befreiungsbewegung auf dem lateinamerikanischen Kontinent. Ich sollte hinzusetzen, daß ich auch die Befreiungsfronten in der Dritten Welt von hier aus unterstütze.

Noch ein Wort zur politischen Ethik. Sich auf die politischen Vorgänge im nationalstaatlichen Bereich zu konzentrieren, erscheint mir zunehmend fraglich, weil das sich herauskristallisierende christliche Gewissen inzwischen auf zwei neue Typen von Gemeinschaftsbildung zurückgreifen kann. Das eine ist die Weltgemeinschaft, das andere die überschaubaren Kollektive gemeinsamen Lebens auf lokaler Ebene. Was sich dazwischen seit Jahrhunderten aufgebläht hat, eben der souveräne Staat, ist im Begriff, der Unterstützung verlustig zu gehen.

Wenn ich mir die jungen Leute hier zwischen 20 und 30 ansehe, kann ich nicht mehr viel Loyalität und Interesse dem Staat gegenüber erkennen. Für diese Altersstufe ist der Nationalstaat im Absterben begriffen. Statt dessen verstehen sie sich als Weltbürger, was ich ganz richtig finde. Eine neue planetarische Spezies von Bürger zeichnet sich da ab. Für diese Leute spielt sich hautnahe Interaktion auf der Basis wiederkehrender Kommunikation mit Gleichgesinnten ab, mit denen sie tagtäglich zusammenleben, politische Aktionen und was weiß ich sonst noch durchführen. Das Ganze spielt sich also auf einer sehr viel überschaubareren Ebene ab. Die zukunftsträchtigen Gemeinschaftsformen sind halt die kleinen, überschaubaren Gebilde.

Im Gegensatz dazu hebt sich der Staat – gewissermaßen als mythische Größe – immer deutlicher als der erklärte Gegenpol dieser umfangmäßig kleinen Gebilde ab. Ich darf nur an einige Schriften erinnern, die Daniel Berrigan in den letzten Jahren verfaßt hat. Darin gibt er sich dem Staat gegenüber sehr skeptisch, ebenso gegenüber seiner Unterstützung seitens der Christen. Sich auf den Staat bloß um der Kritik willen zu konzentrieren, ist für Berrigan höchst fragwürdig.

Mich interessiert diese Problematik besonders im Hinblick auf die Olympischen Spiele. Ich beschäftige mich ja schon seit längerem mit Symbolen, globalen Ereignissen, festlichen Begehungen und Veranstaltungen, die auf eine Art planetarischen Weltbürgertums abzielen. Ich möchte jedoch nicht die Grenze der Olympischen Spiele verkennen. Dort kämpfen Bürger der einzelnen Nationalstaaten gegeneinander. Gleichzeitig mit dem Heraufdämmern eines planetarischen Zeitalters wird eine neue Spielart des Nationalismus gezüchtet.

Eine ähnliche gegenläufige Entwicklung zeichnet sich im Wirtschaftsleben ab. Ökonomie kann heute nicht mehr als auf das Territorium eines bestimmten Landes begrenzt begriffen werden. Wir stehen vor dem Phänomen weltweiter Konzernverflechtungen. Obwohl Wirtschaftsunternehmen nationale Grenzen hinter sich gelassen haben, zeichnet sich doch eine verhängnisvolle Entwicklung ab. Wir müssen uns nur einmal vor Augen halten, daß die 50 größten Unternehmen auf der Welt über mehr Kapitalkraft verfügen als 50 Mitglieder der Vereinten Nationen zusammengenommen.

FRAGE: Ich möchte noch einmal auf den Punkt unseres Gespräches zurücklenken, wo Sie Ihre neueren Veröffentlichungen als den Niederschlag ganz persönlicher Erfahrungen mit einem neuen Lebensstil charakterisiert haben. Wenn ich dabei an die Leser im deutschsprachigen Raum denke, könnte ich mir vorstellen, daß man Sie leicht mißverstehen kann, wenn dieser Erfahrungshintergrund unberücksichtigt bleibt. Es wäre doch wohl eine Fehleinschätzung, wollte man Ihre Bücher beispielsweise als Ausfluß von Erfahrungen mit den Vorgängen im Bereich der Universität verstehen.

Cox: Ganz ohne Zweifel wäre das ein Mißverständnis. Meine Schriften wollen als theologische Reflexionen meiner ganz persönlichen Erfahrungen, eingeschlossen die meiner Freunde, verstanden werden. Meine Verbindung mit der Universität ist zweitrangig, meine Mitgliedschaft im internationalen Chor der Theologen noch weniger als das. Ich respektiere diese Partner durchaus als Freunde und Kollegen; dennoch nehme ich mir das Recht, die in diesen Zirkeln praktizierte Arbeitsweise als ein Kreisen um interne Berufsprobleme zu kritisieren. Die internationale Theologenschaft kommt mir wie ein Klub vor, wo man sich aus gegenseitigem Respekt heraus Bücher widmet, für einander schreibt, die Veröffentlichungen der Kollegen sorgfältig studiert und die Bälle aufnimmt, die man sich theologisch zuspielt.

Ich möchte die Gelegenheit benutzen und all jene, die sich im deutschsprachigen Raum mit meinen Veröffentlichungen beschäftigen, mit Nachdruck auf folgendes hinweisen: Alles, was als »Sitz im Leben« bezeichnet wird, ist für mich bereits ein ausschlaggebender *theologischer* Faktor, auf keinen Fall nur ein nebensächlicher Kristallisationspunkt. Mit anderen Worten: Mein Lebensstil, das, was ich mit meinem Leben anfange, wo ich lebe, meine politische Aktivität usw., all das darf nicht isoliert von meinen theologischen Aussagen betrachtet werden. Deshalb wird das neue Buch, das ich vielleicht im nächsten Jahr fertig habe, so etwas wie eine Biographie sein, allerdings nicht im Stil von: Ich wurde dann und da geboren, lebte da und dort usw. Das Buch wird dokumentieren, wie sich bei mir Lebensstil und Theologie gegenseitig durchdringen.

Wissen Sie, wenn ich mir das Ganze einmal klarzumachen versuche, kommt es mir ganz komisch vor, daß wir unsere Studenten mit der Theologie – sagen wir von Bultmann, Moltmann, Barth oder Rahner – stets unter der Fragestellung bekannt machen: Welches waren die intellektuellen Einflüsse auf das Leben dieser Theologen, wie können wir ihre Aussagen in unserer Situation verstehen? Nur ganz selten beschäftigt uns die Frage: Was waren die ausschlaggebenden Einflüsse in ihrem *persönlichen* Lebensbereich? Zugegeben, zuweilen ist das geschehen.

Helmut Gollwitzer zum Beispiel schrieb von seinen Erfahrungen in der Sowjetunion, besonders aus der Zeit seiner Internierung. Gollwitzers Theologie läßt sich einfach nicht verstehen, ohne Kenntnis davon zu haben, wie zentral dieses Schlüsselerlebnis in seinem Leben Platz gegriffen hat. Tillich ist ein weiteres Beispiel. Ich kann mich aber nicht erinnern, jemals etwas ganz Persönliches von Karl Barth erfahren zu haben.

Damit will ich nicht sagen, daß es in der Theologie dabei sein Bewenden haben soll. Ich meine aber, daß es nur fair ist, wenn Sie und ich, wenn wir uns gegenseitig verraten, was uns in bestimmten Situationen persönlich beeinflußt hat. Nehmen Sie noch einmal meine eigenen Erfahrungen. Ich habe fast sieben Jahre im Getto der Schwarzen hier in Boston gelebt. Wenn ich heute daran gehe, mich mit einer bestimmten Frage theologisch zu beschäftigen, tue ich das aus einer bestimmten Perspektive heraus, die von Unwillen und Zorn diktiert ist, der sich im Laufe der Zeit angesammelt hat, als ich dort wohnte. Die Wut über das Ausmaß der Erniedrigung, dem ich mich damals gegenübersah, läßt mich mein Leben lang nicht mehr los. Ist Aggression etwa eine illegitime affektive Gefühlsregung, aus der heraus die Dinge beurteilt werden?

FRAGE: Sie geben mir das Stichwort für die nächste Frage. Wer Sie aus früheren Veröffentlichungen kennt, war überrascht, als Sie nach dem Bestseller »Stadt ohne Gott?« auf einmal den affektiven, gefühlsbetonten Aspekt mit großem Aufwand in die theologische Debatte einführten. Daraus wurde gleich ein ganzes Buch mit dem Titel »Das Fest der Narren«.

COX: Sehen Sie, die Universitätstheologie hat einen schweren Fehler begangen, als sie der generellen Abtrennung des kognitiven vom affektiven Bereich ihren Segen gab. Diese Trennung ist so gut wie institutionalisiert. Im Verlauf der Traditionsgeschichte haben Theologen dieses Debakel immer wieder aufgegriffen, z. B. Thomas von Aquin, Jonathan Edwards oder Friedrich Schleiermacher. Fast bin ich versucht, kognitive Prozesse dann nicht mehr für legitim zu halten, wenn sie von affektiven Vorgängen und Situationen unmittelbarer Lebenserfahrung abgetrennt sind. Wir nehmen es für bare Münze, daß kognitive

Betätigung erst dann legitim wird, wenn sie vom affektiven Bereich fein säuberlich getrennt ist. Warum in aller Welt ist das eigentlich so? Selbst katholische Schriftsteller wie Gabriel Marcel haben sich eingehender mit der Integration von Körper und Geist beschäftigt als viele protestantische Theologen. Meine Betroffenheit an diesem Punkt soll nicht so verstanden werden, als wolle sich der Cox emotional geradezu verströmen, um das Endprodukt dann als Theologie zu verkaufen. Keineswegs! Worauf es mir aber ankommt, ist der deutliche Hinweis darauf, daß die Integration der Größen »Gefühls-« und »Lebenserfahrung« in den kognitiven Bereich an sich schon eine bedeutende theologische Problemstellung ist.

FRAGE: Gerade Ihre letzten Bemerkungen sollten wir in Beziehung zu dem setzen, was Sie anfangs angedeutet haben, als Sie von der Notwendigkeit sprachen, sich als Theologe seiner Stellung in der Klassenstruktur der Gesellschaft bewußt zu werden. Ist die *Verbalisierung* bestimmter Frustrationen im Bereich des Emotionalen nicht an sich schon ein Beitrag zur Aufhebung repressiver Strukturen in unserer Gesellschaft?

COX: Ich denke schon und möchte hinzufügen: Die Theologie hat diese Aufgabe mit zu erfüllen. Gleichzeitig kann ich aber auch mit Barth sagen, daß Theologie eine Funktion der Kirche ist, d. h., daß die Theologie das Instrumentarium für kirchliches Handeln in der Gesellschaft bereitstellen soll. Die Kirche wiederum hat es mit den sündigen Mächten und dämonischen Strukturen zu tun. Sie steht im Dienst der Ankündigung und Erprobung der sich herauskristallisierenden neuen Gemeinschaft. Zuweilen habe ich das auch die prophetische Funktion der Kirche genannt. Hätte ich in diesem Land zu wählen zwischen einer Dozententätigkeit an der Universität und dem kirchlichen Dienst, würde ich mich zugunsten des letzteren entscheiden, weil die Kirchen im Laufe der vergangenen zehn Jahre ein kritischeres Verhältnis zur Gesellschaft entwickelt haben als die Universitäten.

FRAGE: Wenn ich an dieser Stelle unseres Gespräches kurz einhalten darf. Folgendes hat sich bisher ergeben: Sie legen großen Wert auf die Mitwirkung des Affektiven und Emotionalen in der Religion. Zu dieser

Feststellung sind Sie nicht aufgrund theoretischer Studien, sondern durch persönliche Erfahrungen mit einem neuen Lebensstil gekommen. Die Herausstellung des Emotionalen hat Konsequenzen für die Funktion von Religion in der Industriegesellschaft. Sie bekommt kritische Funktion, wenn sie den Mangel an affektiven Erlebnisinhalten auf die gesellschaftlichen Entstehungsgründe hin befragt. Das veranlaßt mich zu der Frage, ob die Betonung des Emotionalen etwas mit Ihrer Bevorzugung des Festlichen, Spielerischen und Symbolischen zu tun hat?

Cox: In den vergangenen 200 Jahren ist in den Industriegesellschaften – und dabei machen sozialistische Gesellschaftssysteme keine Ausnahme – die Fähigkeit des Individuums fast gänzlich verkümmert, was die Entwicklung eines ausgeprägten Gefühlslebens, gegenseitiger Vertrautheit, authentischer Sexualität und nicht-alltäglicher Formen des Bewußtseins wie Ekstase, Spiel und Fest betrifft. Diese Bedürfnisse sind an die Peripherie des Lebens abgeschoben worden, weil sie mit dem Herzstück unserer Lebensgestaltung in der Industriegesellschaft, dem Leistungsprinzip, nicht zu konkurrieren vermögen. Daraus ergibt sich ein doppelter Engpaß:

Erstens, daß die Produktivkraft in den sogenannten entwickelten Ländern (mit dem Kennzeichen der zerstörten Umwelt) nicht zum Muster der Kulturgestaltung in den übrigen Teilen der Welt herhalten darf; *zweitens,* daß eine wachsende Zahl aufgescheuchter Bürger festzustellen beginnt, wie unterentwickelt wir – was humane Bedürfnisse angeht – in den dem Bruttosozialprodukt nach hoch entwickelten Ländern sind. Was die Fähigkeit betrifft, unseren Gefühls- und Erlebnisbereich zu intensivieren, sind wir regelrecht verarmt.

Gerade weil ich von diesem Mangel weiß, stehe ich der Sensitivity-Bewegung, der transzendentalen Meditation oder der Gestalttherapie nicht so hilflos gegenüber wie viele andere Leute mit meinem sozialen Hintergrund. Zugegeben, für eine Reihe von Leuten ist dies zu einer willkommenen Fluchtbewegung geworden. Für nicht wenige andere wiederum ergeben sich hier Möglichkeiten, mehr darüber zu erfahren, wie entfremdet sie von sich selbst trotz eines Jahresgehalts von 20 000 Dollar sind und wie ausgebrannt in emotionaler Hinsicht. Erst nachdem sie sich ihre wirkliche Lage eingestanden haben, werden sie ernsthaft zu fragen lernen, in welchem gesellschaftlichen System sie leben und was der Grund dafür ist, daß ihnen diese Erkenntnis bisher vorenthalten blieb.

FRAGE: Gerade Ihre letzte Analyse veranlaßt mich noch einmal zur Frage, welche Aufgabe der Religion hier zufällt?

COX: Lassen Sie mich darauf drei Antworten versuchen. *Erstens*, Religion in ihrer christlichen Ausprägung hat überhaupt erst die Bedingungen für Strukturen bereitgestellt, mit denen sozialisierende Tätigkeiten in der Kultur möglich wurden. Diese Funktion ist ja das gerade Gegenteil einer auf Wettbewerb und Höchstleistung vorprogrammierten Industriemoral. In diesem Zusammenhang möchte ich Religion einmal die »dramatische Alternative« nennen, einen neuen Lebensstil für das Individuum und die Gemeinschaft.

Zweitens, Religion stellt die Vision davon bereit, wie die Welt eigentlich aussehen könnte, wie sie zum Besseren verändert werden müßte, wie die Königreiche der Erde in die Königreiche des Himmels verwandelt werden können. Religion als ein Anreiz für die Vision einer zukünftigen Welt.

Drittens – und das ist für mich die unaufgebbare Basis der Religion überhaupt – der Glaube der Christen ist auf die Anwesenheit Gottes, auf die Erfüllung des Kosmos mit dem Ziel der vollen Herausbildung der Spezies Mensch angelegt. Darauf zu achten, dieses Ziel im Auge zu behalten, ist nicht etwa bloß naiv; vielmehr ist ein kosmischer Prozeß im Gange. Darüber habe ich am ausführlichsten in meinem Buch »Stadt ohne Gott?« gehandelt. Wir haben doch allen Grund zur Hoffnung, daß es dazu kommen wird, weil wir – wie Martin Luther King es einmal nannte – Verbündete im Kosmos haben. Zum Motor des Ganzen ist der Mensch geworden. Hier liegt die Realisierung dessen, was Bonhoeffer mit »deus absconditus« gemeint hat. *Wir* sind es, die den Planeten jederzeit schleifen können, und wir sind es, die das Ausmaß der Vergiftung unserer Umwelt in der Hand haben. Wir haben die Freiheit, entsprechend zu handeln.

Allerdings sind wir auch zur Hoffnung berechtigt, daß es hierzu eine echte Alternative gibt. Diese Verheißung bedeutet für die Menschen heute eine enorme Hilfe. Gemeinschaftsbildung, die Vision des endzeitlich Erfüllten, die Bereitstellung der metaphysischen Zuversicht, daß der Geist vielleicht doch noch triumphieren wird – all das sind Aufgaben, die Religion zu erfüllen vermag.

Ich sehe aber dem Tag entgegen – und das mag häretisch klingen –, wo Religion, oder wenigstens die Kirche, absterben wird. Für den Bereich der profanen Gesellschaft hat ja Karl Marx bereits vom Absterben des Staates gesprochen. An diesem Punkt lassen sich beide Institutionen, Kirche und Staat, nicht voneinander trennen. Die Bibel selbst spricht ja von einer Zeit, in der das Gesetz des Handelns von vornherein in unser Herz eingeschrieben ist, wo es keinen Tempel mehr in der heiligen Stadt gibt, weil die gesamte Wirklichkeit durchdrungen ist von der Anwesenheit Gottes. Daraus soll klarwerden, daß die Rolle der *Religion* für mich ein recht nebensächliches Thema ist. Woran ich interessiert bin, ist die Welt, der Kosmos, die Spezies Mensch. Ich sehe in der Religion heute das, was menschlicher Existenz eine legitime Dimension verleiht.

Vor zehn Jahren hätten Sie mich so nicht reden hören. Damals sprach ich von der »nicht-religiösen Interpretation religiöser Texte«.

FRAGE: Sie haben an diesem Punkt Ihre Meinung also gründlich geändert ...

COX: ... sogar sehr gründlich. Für mich ist es heute mit Händen greifbar, daß Religion ins menschliche Bewußtsein gewissermaßen als integraler Bestandteil eingelassen ist. Mit Religion meine ich das Bedürfnis nach Ritus, Symbolen, nach Mythen und Sagas. Mircea Eliade hat mich an diesem Punkt am meisten überzeugt.

Ich erinnere mich noch sehr gut an einen entscheidenden Augenblick in meinem Leben. Es liegt fünf Jahre zurück. Die »Arlington Street Church« hier in Boston hatte grünes Licht für einen Gottesdienst gegeben, bei dem Klassifikationsbescheide Wehrpflichtiger verbrannt werden sollten. Ich war an jenem Tag als Liturg eingesetzt. Als die 126 jungen Männer zum Altar hoch kamen und die Dokumente an der brennenden Kerze in Flammen setzten, brach es in mir durch: Was tust du eigentlich, so fragte ich mich, wenn du von nicht-religiöser Interpretation sprichst? Hier oben führen Männer einen jahrhundertealten Ritus durch. Sie wachsen in die Welt der Erwachsenen hinein, sie entziehen sich jeglicher Gängelei seitens einer mythischen Größe, Nationalstaat genannt. Sie sind zu Opfern bereit, sie brechen das Gesetz. Hier lodert die Flamme der Altarkerze – alles Dinge, die Archetypisches widerspiegeln.

Heute erscheinen mir alle Bemühungen um eine »nicht-religiöse Interpretation« der christlichen Botschaft unecht, fast bin ich versucht zu sagen, arrogant. Als ob wir damit in Bereiche jenseits der Wirklichkeit vorstoßen könnten. Mit »Fleischwerdung« hat das nichts zu tun. Wir bilden uns ein, über das hinausgehen zu können, was den Menschen ausmacht, den Menschen, der teilweise homo religiosus ist, der Erkenntnis vortäuschen möchte.

FRAGE: Ihre Skepsis dem von Theologen hausgemachten »homo religiosus« gegenüber soll aber doch wohl nicht heißen, daß Sie mit dem, was als Transzendenz bezeichnet wird, nichts mehr anfangen können?

COX: Das einzige für uns heute annehmbare Konzept von Transzendenz ist das einer Transzendenz unter den Bedingungen des Säkularen. Hier liegt übrigens für mich der Grund, gegen jeden theologischen Ansatz zu streiten, der die Frage nach der Transzendenz ausklammert. Der christliche Glaube zeichnet sich dadurch aus, daß er bei der Beschäftigung mit dem Transzendenten sagen kann: Die Herrschaft Gottes vollzieht sich mitten unter uns. Das heißt doch nichts anderes als: Die Transzendenz, der wir begegnen, ist eine erfahrbare Größe, etwas, das uns herausfordert und befreit und als überraschende und neue Perspektive in unser Leben einbricht.

Heutzutage sind die Leute doch ausgesprochen hungrig nach Transzendenz, was sie oft dazu veranlaßt, seltsame Wege zu gehen. Denken Sie an alles, was mit dem utopischen Roman zusammenhängt. Im Unterschied dazu geht der christliche Glaube davon aus, daß das »ganz Andere« schon hier und jetzt die alten Strukturen umkrempelt. Diese Verheißung bricht immer wieder durch. Wir versuchen, diese Zuversicht zu zelebrieren, wir maßen uns aber nicht an, sie zu usurpieren und zu institutionalisieren. Wir versichern uns dieser Verheißung dadurch, daß wir singen und tanzen.

Übersetzt von Rüdiger Reitz

Biographische Anmerkungen

»Das Wochenmagazin TIME führt jede Woche eine Spalte, die sich mit religiösen Fragen befaßt. Ich bin sicher, daß es die letzte Spalte ist, die Gott liest, falls er TIME überhaupt lesen sollte«, schrieb Cox bissig im Jahr 1965. Es war das Jahr, in dem er das Manuskript zum Welterfolg »Stadt ohne Gott?« abschloß. Während Luther 450 Jahre zuvor die Kernfrage in Form von: »Wie bekomme ich einen gnädigen Gott?« stellte, hieß die gleiche Frage bei Cox jetzt: »Wie bekommen wir eine säkulare Stadt?« Dem damaligen Assistenzprofessor an der Harvard-Universität war aufgefallen, wie schwer sich das amerikanische Christentum damit tat, unter Einhaltung der üblichen religiösen Regeltechnik zu Gott vorzustoßen. Cox provozierte die Leute mit der These, daß der Weg zu dem, was die theologische Tradition »Gott« genannt hat, in unserer Zeit nur über die konsequente Säkularisierung unserer Lebensgewohnheiten führen kann; Säkularisierung hieß für Cox zugleich das Bewußtwerden der Tatsache, daß sich in der Verstädterung des Lebens eine neue Kulturstufe der Menschheit andeutet.

Harvey Gallagher Cox wurde am 19. Mai 1929 in Phoenixville (Bundesstaat Pennsylvania) geboren. Als er 1951 an der Landesuniversität den akademischen Grad Bachelor of Arts erwarb, war der Koreakrieg gerade zu Ende und die Ära des militanten Antikommunismus vor dem Anbruch. Es war die Zeit McCarthys und völliger politischer Enthaltsamkeit unter den Studenten. Kurze Zeit darauf setzte Cox sich an die Yale-Universität ab.

In der Yale Universität begann Cox sein Theologiestudium, das er 1955 mit dem Bachelor of Divinity abschloß. Er hatte sozusagen sein Erstes Theologisches Examen. Eine ganze Reihe von Pfarrämtern wartete auf ihn. Er schlug aber alle aus. Statt dessen nahm er die Lehrtätigkeit für das Fach Religionskunde auf. Von 1955–58 war er »Director of religious activities« am Oberlin College. In diese Zeit fällt auch die Heirat mit Nancy Nieburger, einer Schauspielerin. Heute ist die Familie Cox auf 5 Personen angewachsen.

Der nächste Abschnitt in seiner beruflichen Tätigkeit ist zunächst schwer einzuordnen. Cox fungierte von 1958–62 als »Program Assistant« bei der American Baptist Home Mission Society. Gemessen an dem, was die Baptisten zuweilen im Auftrag der Denomination verkündeten, war der spätere Cox, von Hause aus ebenfalls Baptist, ein Häretiker.

In den Jahren 1962–63 überschlug sich Cox fast vor Aktivität. Zunächst ging er nach Berlin, wo er bei der Gossner Mission als »Fraternal Worker« die Vorurteile westlichen Denkens dem DDR-Sozialismus gegenüber abstreifen lernte. Ungezählte Male reiste er zwischen Berlin-West und Berlin-Ost hin und her. Jenes Jahr markiert einen gewaltigen Einschnitt im Leben von Cox. »Viele Leute meinten, ich sei ein bißchen verrückt, so zwischen Ost und West hin- und herzufahren und das Risiko auf mich zu nehmen, das man dabei läuft«, schrieb er zwei Jahre später in seinem Buch »Der Christ als Rebell« (Oncken Verlag, Kassel). Und er fährt dann in einer Weise fort, daß vielen Amerikanern das Blut in den Adern gerinnt: »Ich weiß nicht, wie viele Male ich in dem kleinen Vernehmungsraum gleich hinter der Mauer am Checkpoint Charlie von anderen, die auf ihre Vernehmung warteten, und manchmal sogar von Volkspolizisten gefragt wurde: ›Was tun Sie hier?‹ Meine Antwort mußte in diesem Fall immer der Person, die mich fragte, und der Situation, in der ich gefragt wurde, Rechnung tragen. Sie mußte zum Ausdruck bringen, daß wir miteinander in der Welt stehen, in der Gott durch einen kommunistischen Grenzpolizisten genauso wirkt wie durch mich.«

Als Cox 1963 in die USA zurückkehrte, begann ein neuer Abschnitt. Akademisch unterstrich er das durch den Abschluß seiner Doktordissertation. Harvey Cox Ph. D., jetzt Privatdozent an der Andover Newton School of Theology (in Cambridge), suchte sich seine Wohnung jedoch nicht in jenen Gegenden von Boston, wo nur wohlbetuchte Dozenten zu residieren pflegen. Statt dessen zog er in einen der schwarzen Stadtteile von Boston. Nicht nur in seiner theoretischen Arbeit suchte er nach einer neuen, verläßlichen Wirklichkeit für die Formulierung theologischer Aussagen, sondern auch im Bereich der politischen Stadtteilarbeit. Etwa zur gleichen Zeit bekam Cox einen Ruf als Privatdozent für Kirche und Gesellschaft an der Harvarduniversität, die er bis heute – freilich als ordentlicher Professor – nicht im Stich gelassen hat.

1965 erschien dann das Buch »Stadt ohne Gott?«, in dem Cox auf dem Hintergrund seiner politischen Tätigkeit mit dem Selbstverständnis eines nichtsäkularisierten, jenseitigen Christentums abrechnete. »Die Leute müssen von ihrer Begeisterung über andere Welten – astrologische, metaphysische und religiöse – abgeholt werden, um sie mit den konkreten Dingen einer Welt zu konfrontieren, in der allein die authentische Berufung durch *Gott* erfolgt. Das Ganze ist so etwas wie ein sozialer Exorzismus. Jesus hatte sich ihm verschrieben; von seiner Kirche sollte man die Fortführung dieses Ansatzes erwarten.«

So stand es in dem neuen Buch, das ein theologischer Bestseller wurde, weil es bewußt *nicht* als religiöses Buch angelegt war. Was dann folgte, war der Raubbau an den physischen und psychischen Kräften des Verfassers, der sich Einladungen zu Vorträgen nicht mehr erwehren konnte. Jede Zeitschrift wollte ihn in den Herausgeberkreis holen; und es war auch die Zeit, wo es als schick galt, im »Playboy«-Magazin als Theologe über Homosexualität zu schreiben. Zu dem Zeitpunkt, wo Paul Tillich, der andere große Theologe des Säkularen, in einer Klinik in Chicago 1965 die Augen schloß, stieg an der Ostküste der Stern von Harvey Cox auf.

Aber bereits damals, als Cox für den aufgeklärten Theologen schlechthin gehalten wurde, schlummerte ein neuer Gedanke in ihm. Vier Jahre später, im Jahre 1969, hat er ihn dann unüberhörbar ausgesprochen. »Das Fest der Narren« wurde sogar von seinem Verfasser als Manifestation eines anderen, wenn auch nicht gerade eines Anti-Cox angesehen. Der grübelnde Cox war vom tanzenden abgelöst worden. »Das Festlich-Radikale erscheint auf der Szenerie«, schrieb er in seinem neuen Buch. »Das Guerillatheater belebt die Studentenrevolte. Rockmusik ist der große Hit unter jungen Aktivisten. Vielleicht sind wir Zeugen von der Heraufkunft jener Mischung aus Revolutionär und Heiligem, von der Ignazio Silone sagt, sie sei notwendig, um die Welt von sich selbst zu befreien.«

Heute, drei Jahre nach dem »Fest der Narren«, beginnt sich in der

Biographie von Cox erneut etwas zu ändern. Wie ist der Mann zu beurteilen, der Christus als Harlekin ausruft und sich nicht scheut, in den Metropolen der westlichen Welt Kulthandlungen zu zelebrieren oder in Cafés zu tanzen? Das vorliegende Buch will darüber Auskunft geben.

Rüdiger Reitz

NACHWEIS DER ERSTVERÖFFENTLICHUNGEN

Versuche mit einem neuen Lebensstil
(Experimenting with a Simpler Life Style).
Christian Century, 6. 1. 1971, S. 9—13.

Abschied von ausgedienten Leitbildern
(Tired Images Transcended).
Christian Century, 1. 4. 1970, S. 384—386.

Kirche, Religion und Freiheit
Internationale Dialogzeitschrift, 2, 1971, S. 175—181.

Religion im Zeitalter des Wassermanns
(Religion in the Age of Aquarius).
psychology today, 1970, S. 45—67.

Die Religion: Von der Knechtschaft zur Befreiung
(Religion from Bondage to Liberation).
In: O. Schatz (Hrsg.), Hat die Religion Zukunft?,
Verlag Styria, 1971, S. 137—149.

Acht Thesen zur Befreiung der Frau
(Eight Theses on Female Liberation).
Christianity and Crisis, 4. 10. 1971, S. 199—202.

Herausgeber und Verlag danken für die freundlich erteilten
Abdrucksgenehmigungen.

Band 7

Karl-Behrnd Hasselmann

Politische Gemeinde

Ein kirchliches Handlungsmodell am Beispiel der Evangelischen Studentengemeinde an der Freien Universität Berlin.

165 Seiten. Paperback.

»Fern des Geredes vom christlichen Engagement in der Gesellschaft geht es dem Autor um eine empirisch-rationale Begründung kirchlichen Handelns vom Interesse des christlichen Glaubens her. Mit dieser Anstrengung ist Hasselmanns Gemeinde eine der ganz wenigen linksorientierten Gruppen in der Kirche, die ihr Handeln in mehr als sozialempirischen Begriffen begründet.« Hessischer Rundfunk

Band 8

Peter Cornehl/Hans-Eckehard Bahr (Hrsg.)

Gottesdienst und Öffentlichkeit

Zur Theorie und Didaktik neuer Kommunikation. 262 Seiten. Paperback.

Die Isolierung des heutigen Gottesdienstes hat seit langem zu einem doppelten Dilemma geführt: An der einen Seite ein neues öffentliches Interesse an der weltlichen Realisierung christlicher Verkündigung, das an den normalen Gottesdiensten weitgehend abprallt. Auf der anderen Seite der Versuch, diese starre Ordnung von innen her durch »Gottesdienste in neuer Gestalt« aufzubrechen, die aber in moralischen Apellen an den Einzelnen sich zu erschöpfen drohen. Diesem Dilemma stellen sich die Autoren dieses Bandes. Sie zeigen darüber hinaus Perspektiven für einen neuen Gottesdienst.

Band 9

Johannes Degen

Das Problem der Gewalt

Politische Strukturen und theologische Reflexion. Mit Materialien von Jean Cardonnel, Gonzalo Castillo-Cárdenas, Richard Shaull.

182 Seiten. Paperback.

In ihren zentralen Kapiteln zeichnet diese Publikation ein Bild von der Rebellion der Christen in Lateinamerika (Camilo Torres), von der Bürgerrechtsbewegung (Martin Luther King) und der Black Power in den USA sowie von der neuen Opposition in der Bundesrepublik. Die Berichte leiten über zur Beschreibung der verschiedenen theoretischen Ansätze in der Gewaltdiskussion. Im Mittelpunkt steht die These von der Gewalt in der Gesellschaft. Die Darstellung läuft auf die Frage hinaus, wie christliches Handeln in einer gewaltbestimmten Weltsituation aussehen muß.

Band 10

Heinrich Grosse

Die Macht der Armen

Martin Luther King und der Kampf für soziale Gerechtigkeit.

240 Seiten. Paperback.

»Wenn es jemand mit der Religion Jesu wirklich ernst meint, wird er die Erde von sozialen Übeln zu befreien suchen« – das war Martin Luther Kings Überzeugung. Demgemäß begriff er seine eigene politische Praxis als Wahrnehmung seines Pfarramtes. Die von King geleitete Bürgerrechtsbewegung wurde so zu einer entscheidenden Triebkraft der Friedensbewegung. Gleichzeitig rückte das Problem der Armut in den Mittelpunkt. King und seine Mitarbeiter in der Southern Christian Leadership Conference (SCLS) unternahmen den Versuch, weiße und schwarze Unterprivilegierte zu gemeinsamen politischen Aktionen zu mobilisieren. Ihr Ziel war »poor poeple's Power« – »Macht für die Armen«.

Band 11

Holger Hoffmann

Hvide Sande

Ein Ferienlager-Report. Erfahrungen kirchlicher Jugendarbeit.
113 Seiten. Paperback.

Mit diesem Band wird zum erstenmal ein Report über kirchliche Jugendarbeit vorgelegt, der den traditionellen und nicht mehr funktionsfähigen Rahmen verläßt. Inhalt des Freizeitprogramms sind nicht mehr allgemein interessante Probleme, sondern die Thematisierung von spontan auftretenden Konflikten. Der christliche Bezug entsteht nicht durch Andacht oder Bibelarbeit, sondern durch die kritische Solidarität mit den Heranwachsenden.

Band 12

Wolfgang Deresch

Predigt und Agitation der religiösen Sozialisten

157 Seiten. Paperback.

Diese Arbeit überprüft die zweifellos vorhandene Relevanz und Aktualität der religiösen Sozialisten an ihren Predigten und Agitationen.

Band 13

Joachim Scharfenberg

Religion zwischen Wahn und Wirklichkeit

Gesammelte Beiträge zur Korrelation von Theologie und Psychoanalyse. 321 Seiten. Paperback.

In dieser Publikation des Kieler Psychoanalytikers und Praktischen Theologen werden Theologie und Psychologie auf neue Weise aufeinander bezogen, wobei sowohl die religionskritische Funktion der Psychoanalyse, wie auch die korrigierende und bewußtseinserweiternde Funktion des christlichen Glaubens dargestellt wird.

FURCHE-VERLAG